ALLE BESTE IERSE PUB RECEPTEN

100 ONGELOOFLIJKE RECEPTEN OM DE LEKKERNIJEN TE ONTDEKKEN DIE IN DE BESTE PUBS VAN IERLAND WORDEN BEREID

Milou de Boer

Alle rechten voorbehouden.

Vrijwaring

De informatie in dit eBook is bedoeld als een uitgebreide verzameling strategieën waar de auteur van dit eBook onderzoek naar heeft gedaan. Samenvattingen, strategieën, tips en trucs worden alleen aanbevolen door de auteur, en het lezen van dit eBook kan niet garanderen dat iemands resultaten exact dezelfde zijn als de resultaten van de auteur. De auteur van het eBook heeft alle redelijke inspanningen geleverd om de lezers van het eBook actuele en nauwkeurige informatie te verstrekken. De auteur en zijn medewerkers kunnen niet aansprakelijk worden gesteld voor eventuele onopzettelijke fouten of weglatingen die worden gevonden. Het materiaal in het eBook kan informatie van derden bevatten. Materialen van derden omvatten meningen van hun eigenaars. Als zodanig aanvaardt de auteur van het eBook geen verantwoordelijkheid of aansprakelijkheid voor materiaal of meningen van derden.

Het eBook is copyright © 2022 met alle rechten voorbehouden. Het is illegaal om dit eBook geheel of gedeeltelijk te herdistribueren, kopiëren of er afgeleid werk van te maken. Geen enkel deel van dit rapport mag worden gereproduceerd of opnieuw verzonden in welke vorm dan ook, gereproduceerd of opnieuw verzonden in welke vorm dan ook zonder de schriftelijke uitdrukkelijke en ondertekende toestemming van de auteur.

INHOUDSOPGAVE

INHOUDSOPGAVE 3

INVOERING 7

ONTBIJT 9

    1. IERSE HAVERMOUT 10
    2. IERSE OMELET 12
    3. IERSE AARDAPPELPANNENKOEKJES 14
    4. WICKLOW PANNENKOEK 16
    5. TRADITIONEEL IERS ONTBIJT 18
    6. IERSE ONTBIJTSCONES 20
    7. IERSE ONTBIJTWORST 22
    8. IERSE AARDAPPEL BOXTY 25
    9. IERSE GEVULDE EIEREN 28
    10. BROODJES EIERSALADE IERSE STIJL 31

VOORGERECHTEN EN SNACKS 34

    11. ZWARTE PUDDING 35
    12. IRISH PUB CHEESE DIP 38
    13. IERSE KOFFIE MUFFINS 40
    14. IERSE NACHO'S MET REUBEN-BELEG 43
    15. GUINNESS CORNED BEEF-SCHUIFREGELAARS 48
    16. GUINNESS GEGLAZUURDE GEHAKTBALLEN 52
    17. IERSE PUBPASTEITJES 55
    18. IERSE WORSTENBROODJES 59

IERSE PUB SCONES EN BROOD 63

    19. HARTIGE KAAS SCONES 64
    20. IERS SODABROOD 67
    21. IERS TARWEBROOD 70
    22. IERS OF DUBLIN CODDLE 73

23.	Iers brood met zure room	76
24.	Iers boerenbrood	79
25.	Iers havermoutbrood	82
26.	Iers yoghurtbrood	85
27.	Iers volkoren sodabrood	88
28.	Iers bierbrood	90
29.	Iers berberbrood	92
30.	Iers sproetenbrood	95
31.	Kruidenbrood	98

IERSE PUB HOOFDGERECHTEN ... 101

32.	Ierse Kampioen	102
33.	Colcannon met kool of boerenkool	105
34.	Spelt en Prei	108
35.	Kabeljauw met saffraan en tomaten	111
36.	Duif en Stout	114
37.	Lams hete pot	117
38.	Kippenbouillon met veel goede dingen?	120
39.	Roman Chicken and Chips met rozemarijn en tijm	123
40.	Eenpanspasta met tomaat en chorizo	126
41.	Kool en spek	130
42.	Gebakken gevulde haring	132
43.	Gestoofde bleekselderij	134
44.	Zalm met vijf kruidenkorst en zuurkool	136
45.	Knoflook makreel	139
46.	Hete beboterde mosselen	141
47.	Ierse kaneelaardappelen	143
48.	Ierse varkenslende met citroen en kruiden	145
49.	Iers varkensvlees in stout met kruiden	148
50.	Forel gebakken op Ierse wijze	152

IERSE PUB STEWS EN SOEPEN ... 155

51.	Ierse Lamsstoofpot	156
52.	Gebakken pastinaak op Ierse wijze	159

53.	Ierse Zeevruchtensoep	162
54.	Rundvlees en Guinness Stoofpot	165
55.	Iers-Mex stoofvlees	169
56.	Kip Stoofpotje Met Dumplings	172
57.	Crème van Mosselsoep	176
58.	Dublin gestoofd varkensvlees	178
59.	Verse erwtensoep	180
60.	Instant Ierse room van aardappelsoep	183
61.	Raap- en speksoep	186

IERSE PUB KRUIDEN 188

62.	Irish Spice Bag	189
63.	Gembermarmelade	191
64.	Spaghettisaus, Ierse stijl	193

IERSE PUB DESSERTS 195

65.	Ierse gele man	196
66.	Chocolade Fudge Pudding met Geroosterde Hazelnoten en Frangelico Cream	198
67.	Geroosterde Rabarber	202
68.	Carrageen mospudding	204
69.	Brood en boter pudding	207
70.	Verbrande sinaasappels	210
71.	Ierse slagroomtaart	213
72.	Baileys Irish cream truffels	216
73.	Kip en prei taart	218
74.	Kabeljauw schoenmaker	221
75.	Geglazuurde Ierse theecake	224
76.	Groene Ierse whisky zure gelei	228
77.	Ierse chocoladetaart	230
78.	Irish coffee torte	233
79.	Ierse room bevroren yoghurt	236
80.	Ierse crème pompoentaart	239
81.	Iers mals dessert	243

82.	Ierse kantkoekjes	245

IERSE PUB DRANKEN 248

83.	Packy's Irish Coffee	249
84.	Ierse koffie	251
85.	Clondalkin Snug	253
86.	De Half Penny Bridge	255
87.	Campbell's Ginger	257
88.	Klassieke Ierse koffie	259
89.	Irish coffee-eierpunch	261
90.	Ierse smoothie	263
91.	Kahlua Irish Coffee	265
92.	Bailey's Irish Cappuccino	267
93.	Good Old Irish	269
94.	Bushmills Irish Coffee	271
95.	Zwarte Ierse koffie	273
96.	Romige Ierse koffie	275
97.	Ouderwetse Ierse koffie	277
98.	Rum koffie	279
99.	Dublin droom	281
100.	Whisky Schutter	283

CONCLUSIE 285

INVOERING

Wat is Ierse pubmaaltijden?

Pubs zijn een essentieel onderdeel van de Ierse sociale scene, en of je nu een geheelonthouder of een bierslurper bent, ze zouden een onderdeel van je reis hier moeten zijn. Of het nu in landelijke dorpjes of in het drukke Dublin is, een pub is een uitgebreide woonkamer, vooral in Groot-Brittannië of Ierland, waar alcoholische dranken kunnen worden gekocht en gedronken en waar vaak voedsel beschikbaar is.

Traditioneel Iers eten

A. Volledig Iers ontbijt

B. Bloedworst en Witte Pudding

C. Ierse Rashers

D. scones

E. Ierse Zalm

F. Colcannon

G. Gehakt met puree

H. Ierse Boxty

I. Ierse pubmaaltijden

J. Ierse stoofpot (schaap met aardappelpuree, uien, wortelen en kruiden)

K. Soepen en chowders

L. Coddle (spek, varkensworst, aardappelen en uien gestoofd in lagen)

M. Fish and chips

N. Kraag en kool (gekookt spek bedekt met paneermeel en bruine suiker, vervolgens gebakken en geserveerd met kool)

O. Boxty (aardappelpannenkoek gevuld met vis, vlees of groenten), en

P. Champ (aardappelpuree met melk en uien).

Q. Soda brood

ONTBIJT

1. Ierse havermout

ONTBIJT

1. Ierse havermout

Opbrengst: 4 porties

Ingrediënt

- 4 kopjes water
- 1 theelepel Zout
- 1 kop staal gesneden haver (Ierse haver)
- 4 theelepels bruine suiker

Voorbereidingstijd: 5 minuten Kooktijd: 30 minuten Meng in een middelgrote pan op middelhoog vuur het water en het zout. Aan de kook brengen. Voeg geleidelijk de havermout toe, onder voortdurend roeren.

Zet het vuur laag en laat sudderen. Roer regelmatig totdat het water is opgenomen en de haver romig is, ongeveer 30 minuten. Verdeel de gekookte havermout over 4 kommen. Strooi 1 theelepel bruine suiker op elke kom havermout. Serveer onmiddellijk

2. Ierse omelet

Opbrengst: 2 porties

Ingrediënt

6 kleine eieren

1 Lg. gekookte aardappelen; gepureerd

Pers citroensap

1 eetlepel Gehakte bieslook of lente-uitjes

Zout en pepers

1 eetlepel Boter

Splits de eieren en klop de dooiers los: voeg toe aan de aardappelpuree, meng goed en voeg dan het citroensap, de bieslook en zout en peper toe. Smelt de boter in de omeletpan. Klop de eiwitten stijf en roer ze door het aardappelmengsel. Kook het mengsel tot het goudbruin is, laat het dan onder de grill lopen om het af te maken en blaas het op. Serveer in één keer.

3. Ierse Aardappelpannenkoekjes

Opbrengst: 8 porties

Ingrediënt

1 kopje Aardappelpuree

2 kopjes bloem

1 theelepel Zout

1 Eetlepel bakpoeder

2 losgeklopte eieren

1 kopje melk

4 eetlepels Lichte glucosestroop

1 eetlepel Nootmuskaat

Verwacht niet dat dit Amerikaanse pannenkoeken zijn, maar ze hebben een uitstekende smaak.

Meng alle ingrediënten. Klop goed. Bak op een ingevette bakplaat aan beide kanten bruin. Maakt 8-10.

4. Wicklow pannenkoek

Opbrengst: 4 porties

Ingrediënt

4 eieren

600 milliliter Melk

4 ons vers broodkruim

1 eetlepel Peterselie, fijngehakt

1 snufje Gehakte tijm

2 eetlepels Gehakte bieslook of lente-uitjes

1x Zout en peper

2 eetlepels Boter

Klop de eieren lichtjes, voeg dan de melk, paneermeel, kruiden en smaakmakers toe en meng goed. Verhit 1 eetlepel boter in een pan tot het schuimt, giet het mengsel erbij en kook op een laag vuur tot het bruin is aan de onderkant en net bovenop. Zet onder de grill om af te werken. Serveer in partjes gesneden met op elke portie een klontje boter.

5. Traditioneel Iers ontbijt

Opbrengst: 4 porties

Ingrediënt

- 8 sneetjes Irish Bacon
- 4 Ierse Worsten
- 4 sneetjes Bloedworst
- 4 sneetjes Witte Pudding
- 4 eieren
- 4 middelgrote Tomaten; gehalveerd
- 4 Frisdranken
- Zout en peper naar smaak

Leg de worstjes in de pan en bak ze aan alle kanten bruin. Bak de tomaten met de plakjes pudding in de spekdruppels. Verwarm sodabrood in de drippings tot het geroosterd is. Kook eieren naar wens en plaats alle bereide gerechten op één bord om warm te worden geserveerd. Alle vleessoorten kunnen worden geroosterd in plaats van gefrituurd, maar u verliest de smaakstof van de druppels voor de eieren en het sodabrood.

6. Ierse ontbijtscones

Opbrengst: 16 porties

Ingrediënt

1½ kopje volkoren bladerdeegmeel

⅓ kopje volkorenmeel

¾ kopje Tarwezemelen

1 theelepel bakpoeder

2 eetlepels Sojamargarine

2 eetlepels glucosestroop

1 kopje Aardappel- of sojamelk

Meng droge ingrediënten. Voeg margarine toe en meng goed. Voeg de siroop en voldoende melk toe om een los deeg te maken. Draai op een met bloem bestoven plank en kneed tot een gladde massa. Rol uit tot een vierkant met een dikte van ongeveer ¾ inch. Snijd het deeg doormidden, dan in vieren en dan in achten.

Bak op een licht met bloem bestoven bakplaat op 400F gedurende ongeveer 20 minuten. Af laten koelen op een rooster. Splits en serveer met hele fruitconserven.

7. Ierse ontbijtworst

Opbrengst: 1 porties

Ingrediënt

2½ kopje verse witte broodkruimels

½ kopje melk

2½ pond Mager varkensvlees

2½ pond Varkensbuik of vette varkensbuik, gekoeld

1 eetlepel Plus

2 theelepels zout

2 theelepels versgemalen peper

2 theelepels Tijm

2 eieren

8 Yards voorbereide omhulsels, ongeveer 4 ons

Uit: Eten en wijn (niet zeker van datum) omstreeks 1981 Or 3 Week de broodkruimels in een middelgrote kom in de melk. Maal het vlees en het vet samen, eerst grof en daarna fijn. Doe het vlees in een grote kom.

Voeg het zout, de peper, de tijm, de eieren en het zachte paneermeel toe. Meng goed met je handen tot alles goed gemengd is. Werk met ongeveer een kwart worstvulling per keer en vul de omhulsels losjes met de worstvulling. Knijp en draai in 4 inch schakels en snijd om te scheiden. Zet in de koelkast terwijl je de resterende worstjes vult.

BEREIDING: Prik de worsten overal in om te voorkomen dat de schil barst, plaats genoeg worstjes in de pan om in een enkele laag te passen zonder te verdringen. Giet ongeveer een halve centimeter water in de pan, dek af en laat 20 minuten op laag vuur sudderen. Giet het vocht af en kook onafgedekt, draaiend, tot de worsten ongeveer 10 minuten gelijkmatig bruin zijn. Laat uitlekken op keukenpapier en serveer warm.

8. Ierse Aardappel Boxty

Ingrediënten:

- 1/2 pond / ongeveer 3 kopjes aardappelen, geschild, gekookt en nog steeds heet
- 1/2 theelepel zout
- 2 eetlepels boter, gesmolten
- 1/2 kop bloem voor alle doeleinden

Routebeschrijving:

a) Het is belangrijk om de aardappelkoekjes te maken terwijl de aardappelen nog warm zijn; dit zorgt voor een licht en smakelijk resultaat.

b) Rijst of pureer de aardappelen goed tot er geen klontjes meer zijn.

c) Meng in een kom de aardappelen goed met het zout; voeg dan de gesmolten boter toe en roer nogmaals goed door. Voeg als laatste de bloem toe, werk er genoeg in om een licht en soepel deeg te maken.

d) Keer het deeg uit op een licht met bloem bestoven oppervlak en rol het in een ongeveer langwerpige vorm, ongeveer 9 inch lang en 10 inch breed en ongeveer 1/4 inch dik. Snijd de randen bij tot je een nette rechthoek hebt: knip dan opnieuw zodat je vier of zes driehoeken hebt.

e) Verhit een droge grillpan of koekenpan tot medium heet. Bak vervolgens de farl-driehoeken aan elke kant goudbruin. Meestal duurt dit ongeveer vijf minuten aan elke kant.

f) Leg de afgewerkte aardappelpannenkoekjes opzij op een bord bedekt met een theedoek/theedoek en bak ze verder tot ze allemaal gaar zijn. Draai vervolgens de handdoek erover om ze te bedekken. Het kleine beetje stoom dat eraf komt, zal helpen om ze zacht te houden.

g) Maak vervolgens je Irish breakfast of Ulster fry, waarbij je de farls aanbakt in de boter of olie die je voor de rest van het gerecht gebruikt. Als je meer Ierse aardappelpannenkoekjes hebt dan je kunt gebruiken, vriest het heel goed in: doe het eerst in een Tupperware of soortgelijke plastic bak.

9. Ierse Gevulde Eieren

randen bij tot je een nette rechthoek hebt: knip dan opnieuw zodat je vier of zes driehoeken hebt.

e) Verhit een droge grillpan of koekenpan tot medium heet. Bak vervolgens de farl-driehoeken aan elke kant goudbruin. Meestal duurt dit ongeveer vijf minuten aan elke kant.

f) Leg de afgewerkte aardappelpannenkoekjes opzij op een bord bedekt met een theedoek/theedoek en bak ze verder tot ze allemaal gaar zijn. Draai vervolgens de handdoek erover om ze te bedekken. Het kleine beetje stoom dat eraf komt, zal helpen om ze zacht te houden.

g) Maak vervolgens je Irish breakfast of Ulster fry, waarbij je de farls aanbakt in de boter of olie die je voor de rest van het gerecht gebruikt. Als je meer Ierse aardappelpannenkoekjes hebt dan je kunt gebruiken, vriest het heel goed in: doe het eerst in een Tupperware of soortgelijke plastic bak.

9. Ierse Gevulde Eieren

porties: 8

Ingrediënten

- 12 hardgekookte eieren
- 2 sneetjes corned beef, in blokjes gesneden
- 1/2 kop kool, in blokjes gesneden
- 1/2 kop Mayo
- 2 eetlepels Dijon Mosterd
- Zout naar smaak
- Wortelen, geraspt voor garnering
- Peterselie, fijngehakt voor garnering

Routebeschrijving

a) Snijd hardgekookte eieren doormidden. Verwijder de dooiers en doe in een kom.

b) Magnetron de kool gedurende 30 seconden tot een minuut tot hij zacht is.

c) Voeg mayonaise en Dijon-mosterd toe aan de eidooiers en gebruik een staafmixer om de eidooiers met Ingredients te mixen tot ze romig zijn.

d) Voeg fijngehakt cornedbeef en kool toe aan het eidooiermengsel tot het volledig gemengd is.

e) Zout naar smaak.

f) Spuit het mengsel in de eiwithelften

g) Garneer met wortelen en peterselie.

10. Broodjes eiersalade Ierse stijl

Porties: 2

Ingrediënten

- 4 sneetjes sandwichbrood
- 2 ons boter om op brood te smeren
- 2 hardgekookte eieren
- 1 Roma tomaat of 2 kleine petite tomaten
- 2 groene uien lente-uitjes in Ierland
- 2 blaadjes botersla
- $\frac{1}{8}$ kopje mayonaise
- $\frac{1}{8}$ theelepel zout
- $\frac{1}{8}$ theelepel peper

Routebeschrijving

a) Begin met het bereiden van de vulling voor deze sandwiches. Halveer de tomaten, schep de zaadjes en het vruchtvlees eruit en gooi ze weg. Snijd het buitenste tomatenvlees in blokjes van $\frac{1}{2}$ cm.

b) Snijd de groene uien heel dun.

c) Snijd de slablaadjes in dunne reepjes en pureer de hardgekookte eieren.

d) Meng het gepureerde hardgekookte ei, de in blokjes gesneden tomaten, de groene uien, de sla en de mayonaise.

e) Breng de vulling op smaak met peper en zout.

f) Gepureerd hardgekookt ei, groene ui, sla, tomaat en mayonaise voor eiersalade sandwichvulling

g) Beboter elk paar sneetjes brood op de ontroerende, bijpassende kanten..

h) Verdeel de vulling in tweeën en verdeel over de beboterde kant van twee sneetjes brood. Bedek elke sandwich met zijn gepaarde beboterde sneetje brood.

i) Snijd de bovenste korst van elke sandwich weg. Verdeel in vier driehoeken door elke sandwich met twee kruisende diagonale sneden in plakjes te snijden.

j) Schik op een sandwichbord en serveer met hete thee en een kant van chips of chips.

VOORGERECHTEN EN SNACKS

11. **Zwarte pudding**

Opbrengst: 8 porties

Ingrediënt

- 1 pond Varkenslever
- 1½ pond Ongesmolten reuzel, gehakt
- 120 fluid ounce Varkensbloed
- 2 pond Paneermeel
- 4 ons havermout
- 1 middelgrote ui, gesnipperd
- 1 theelepel Zout
- ½ theelepel piment
- 1 Runderdarmen

Porties: 8

a) Stoof de lever in kokend gezouten water tot het gaar is. Verwijder lever, en gehakt. Reserveer kookvloeistof. Meng alle ingrediënten in een grote kom. Roer grondig tot het gemengd is. Vul de omhulsels met het mengsel. Bind af in lussen van één voet. Stoom gedurende 4-5 uur.

b) Laat staan tot het koud is. Snijd indien nodig in plakjes van inch en bak ze aan beide kanten in heet vet tot ze knapperig zijn.

12. Irish Pub Cheese Dip

porties: 20 porties

Ingrediënten

- 14 ons Ierse cheddar
- 4 ons roomkaas
- 1/2 kop licht bier in Ierse stijl (Harp Lager)
- 1 teentje knoflook
- 1 1/2 theelepel gemalen mosterd
- 1 theelepel paprika

Routebeschrijving

a) Breek de cheddar in stukjes en doe in de keukenmachine. Pulseer om de cheddar in kleine stukjes te breken.

b) Voeg de roomkaas, bier, knoflook, gemalen mosterd en paprika toe. Pureer tot het helemaal glad is. Schraap de zijkanten van de kom en pureer indien nodig opnieuw. Serveer met pitabroodjes, brood, crackers, groenten of appelschijfjes.

13.   Ierse koffie muffins

Opbrengst: 12 porties

Ingrediënt

- 2 kopjes bloem
- 1 eetlepel bakpoeder
- ½ theelepel Zout
- ½ kopje suiker
- 1 Ei, losgeklopt
- ⅓ kopje boter, gesmolten
- ½ kopje zware room, ongeklopt
- ¼ kopje Ierse whisky
- ¼ kopje koffielikeur

a) Verwarm de oven voor op 400 F.

b) Zeef de eerste 4 ingrediënten samen.

c) Roer de resterende ingrediënten erdoor tot ze bevochtigd zijn.

d) Vul met papier beklede muffinvormpjes en bak ongeveer 20 minuten.

14.   Ierse nacho's met Reuben-beleg

opbrengst: 1 Schotel

Ingrediënten

Thousand Island dressing:

- 2 1/2 eetlepels magere gewone Griekse yoghurt
- 1 1/2 eetlepels ketchup
- 2 theelepels zoete augurkrelish
- 3/4 theelepel witte azijn
- 1/4 theelepel hete saus
- 1/8 theelepel knoflookpoeder
- 1/8 theelepel uienpoeder
- 1/8 theelepel koosjer zout

Aardappelen:

- 1 1/2 pond roodbruine aardappelen, geschrobd
- 1 eetlepel extra vierge olijfolie
- 3/4 theelepel knoflookpoeder
- 3/4 theelepel uienpoeder

- 3/4 theelepel koosjer zout

- 1/8 theelepel zwarte peper

Ruben Topping:

- 3 ons extra magere deli corned beef, gehakt

- 1 kop geraspte Zwitserse kaas met verlaagd vetgehalte

- 1/4 - 1/3 kop zuurkool, uitgelekt

- fijngehakte peterselie (indien gewenst), voor garnering

Routebeschrijving

a) Verwarm de oven voor op 475°F.

b) Combineer dressingingrediënten in een middelgrote kom: Griekse yoghurt, ketchup, saus, azijn, hete saus, 1/8 theelepel knoflookpoeder, 1/8 theelepel uienpoeder en 1/8 theelepel koosjer zout. Dek af en zet in de koelkast tot het nodig is (kan tot ongeveer twee dagen van tevoren worden gemaakt).

c) Snijd aardappelen gelijkmatig in plakjes van 1/8 "dik. (Je kunt hiervoor een mandoline gebruiken als je wilt, maar ik gebruik een koksmes. Hoe dan ook, de sleutel is om ze heel uniform te snijden, zodat ze gelijkmatig bakken.)

d) Gooi in een grote kom aardappelschijfjes met olijfolie tot ze gelijkmatig bedekt zijn. Bestrooi aardappelen met 3/4 theelepel knoflookpoeder, 3/4 theelepel uienpoeder, 3/4 theelepel koosjer zout en zwarte peper. Gooi opnieuw om er zeker van te zijn dat de kruiden zeer gelijkmatig worden verdeeld. Misschien vindt u dat het het gemakkelijkst is om dit met uw handen te doen, in plaats van met een menglepel.

e) Leg de aardappelschijfjes op twee met bakpapier beklede bakplaten, spreid ze uit en zorg ervoor dat ze elkaar niet raken of overlappen.

f) Bak de aardappelschijfjes 12-14 minuten. De exacte baktijden kunnen variëren als je aardappelschijfjes niet zijn gesneden tot 1/8 "of als ze niet uniform van dikte zijn. Controleer ze regelmatig: je bent op zoek naar een warm, bruin, geroosterd beetje kleur op de bodem van je plakjes, maar je wilt niet dat ze verbranden.

g) Draai alle plakjes voorzichtig om en bak nog ongeveer 5-8 minuten aan de tweede kant, controleer regelmatig opnieuw op gaarheid. Als sommige van je plakjes dunner zijn dan andere, zijn ze misschien eerder klaar en wil je ze misschien op een bord verwijderen terwijl de andere plakjes blijven bakken.

h) Wanneer je aardappelen klaar zijn met bakken, berg ze dan op een stapel in het midden van een bakplaat en leg ze in lagen zoals je dat doet met cornedbeef, kaas en zuurkool. Zet de nacho's nog ongeveer 5 minuten in de oven, zodat de toppings kunnen opwarmen en de kaas kan smelten.

i) Garneer de nacho's met peterselie, indien gewenst, en serveer met Thousand Island Dressing. (Je kunt de dressing erover druppelen, ernaast serveren, of beide.)

15. Guinness corned beef-schuifregelaars

Opbrengst: 12 schuifregelaars

Ingrediënten

- 4 pond corned beef brisket met kruidenpakket
- 1 kop bevroren pareluien, of witte keteluien (bijgesneden en geschild)
- 4 teentjes knoflook
- Optioneel: 1-2 laurierblaadjes
- 2 1/2 kopjes water
- 11,2 ons Guinness tapbier (1 fles)
- 12 Hawaiiaanse broodjes
- 1 pakje coleslaw mix
- 2-3 eetlepels verse dille, gehakt
- Dijon-mosterd om te smeren, naar wens
- Optioneel: mayonaise om te smeren
- Baby Kosher dille augurken (heel)

Routebeschrijving

a) Voeg uien en knoflook toe aan de binnenste stalen pot van de snelkookpan. Leg er een rooster bovenop. Giet Guinness-bier en water in de pot. Plaats corned beef brisket op het metalen rek, vetkap naar beneden. Strooi kruiden over de bovenkant van het vlees. Voeg eventueel 1-2 laurierblaadjes toe. Draai het vlees met een tang om zodat de vetkap naar boven wijst.

b) Open voorzichtig het deksel van de snelkookpan. Til de metalen bak op waar het vlees in zit. Breng cornedbeef over naar een schaal. Verwijder laurierblaadjes, uien en vaste stoffen. Zeef de vloeistof. Bewaar een kopje voor het geval het nodig is om over het vlees te strooien om te voorkomen dat het uitdroogt.

c) Snijd het rundvlees in dunne plakjes tegen de draad in.

d) Snijd de Hawaiiaanse broodjes horizontaal doormidden.

e) Verdeel een laag mosterd over de onderste helft van elke rol. Smeer eventueel wat mayonaise op de bovenste helft van het broodje.

f) Leg 2-3 plakjes corned beef op het onderste broodje. Bestrooi het vlees met vers gehakte dille. Voeg aan elk 1/4 kop koolsalade toe.

g) Leg de bovenste helften van de Hawaiian rolls op de sliders.

h) Garneer elke runderschuif met een augurk van baby-dille. Prik de feestsandwiches in het midden door met houten feestprikkers om alles bij elkaar te houden.

16.   Guinness geglazuurde gehaktballen

opbrengst: 24

Ingrediënten

Gehaktballen

- 1 pond gemalen kalkoen of rundvlees
- 1 c. panko broodkruimels
- 1/4 c. Guinness
- 1/4 c. gesnipperde ui
- 1 ei, licht geklopt
- 1 theelepel. zout
- 1/8 theel. peper

Guinness Saus

- 2 flessen Guinness
- 1/2 c. ketchup
- 1/4 c. honing
- 2 eetlepels. stroop
- 2 theel. Dijon mosterd

- 2 theel. gedroogde fijngehakte ui
- 1 theelepel. knoflook poeder
- 4 theel. maïszetmeel

Routebeschrijving

a) Voor de gehaktballen: Combineer alle ingrediënten in een middelgrote mengkom. Goed mengen.

b) Vorm balletjes van 1 1/2 inch (ik gebruikte een kleine koekjeslepel) en plaats ze op een omrande bakplaat bekleed met aluminiumfolie en besproeid met anti-aanbakspray.

c) Bak op 350 ° gedurende 20-25 minuten.

d) Voor de saus: Combineer alle ingrediënten behalve maizena in een middelgrote pan. Garde.

e) Breng aan de kook, af en toe roeren.

f) Zet het vuur laag en laat 20 minuten sudderen.

g) Klop de maizena erdoor en laat 5 minuten sudderen of tot het ingedikt is.

h) Voeg gehaktballen toe aan de saus.

17.   Ierse pubpasteitjes

Porties 10 personen

Ingrediënten

- 1 ui
- 1/3 kop kool
- 4 kleine worteltjes
- 8 kleine rode aardappelen
- 4 groene uien
- 1 prei
- 4 eetlepels boter
- 3 eieren
- 1 eetlepel bruine mosterd
- 1/2 theelepel tijm
- 1/4 theelepel peper
- 1/2 theelepel zout
- 1/4 theelepel gemalen mosterd

- 1 8-ounce pakket geraspte mozzarella kaas
- 4 ons geraspte Parmezaanse kaas
- 5 gekoelde opgerolde taartbodems
- 1 pond rundergehakt optioneel

Routebeschrijving

a) Als u rundergehakt gebruikt, bruin het rundvlees dan in een grote koekenpan, giet het af, haal het uit de pan en zet het opzij. Snijd uien, wortelen en aardappelen in blokjes. Snij de kool in kleine stukjes. Snijd prei en groene uien in dunne plakjes

b) Verhit 4 eetlepels boter in een grote koekenpan op middelhoog vuur. Bak uien, groene uien en prei tot ze zacht zijn - ongeveer 6 minuten. Voeg kool, wortelen en aardappelen toe. Ga door met koken op middelhoog vuur gedurende 5 minuten.

c) Zet het vuur laag; dek af en stoom gedurende 15 minuten. Haal van het vuur. Haal ondertussen de taartbodems uit de koelkast en verwarm de oven voor op 375 graden.

d) Klop 3 eieren, mosterd en kruiden in een grote kom. Verwijder 1 eetlepel eiermengsel en klop met 1 eetlepel water; opzij zetten. Voeg groenten, rundvlees en kaas toe aan het eimengsel en meng goed.

e) Rol de taartbodems uit en snijd ze met een pizzasnijder in vieren.

f) Om pasteitjes te maken, plaatst u een wig van de korst op een met bakpapier beklede bakplaat. Plaats een schep van het groentemengsel in het midden van een wig en dek af met een tweede wig.

g) Druk de randen aan met een vork om ze af te sluiten en bestrijk ze vervolgens met het ei en het watermengsel. Bak ongeveer 20 minuten of tot de korst goudbruin is.

18. Ierse Worstenbroodjes

Porties: 18

Ingrediënten

- 3 bladerdeegvellen
- 1 losgeklopt ei voor het bestrijken van deeg
- Worst Vlees Vulling
- 1 pond gemalen varkensvlees
- 1 theelepel gedroogde tijm
- $\frac{1}{2}$ theelepel gedroogde marjolein
- $\frac{1}{2}$ theelepel gedroogde basilicum
- $\frac{1}{2}$ theelepel gedroogde rozemarijnblaadjes
- 1 theelepel gedroogde peterselie
- $\frac{1}{2}$ theelepel gedroogde salie
- $\frac{1}{8}$ theelepel zout
- $\frac{1}{8}$ theelepel zwarte peper
- 1 kopje paneermeel
- 1 teen knoflook fijngehakt
- 1 ei losgeklopt

- ¼ theelepel gedroogde venkel optioneel

Routebeschrijving

a) Maal de kruiden, zout en peper in een koffiemolen.

b) Voeg de gemalen kruiden en gehakte knoflook toe aan het paneermeel in een grote mengkom en meng door elkaar.

c) Voeg het gemalen varkensvlees toe aan de gekruide broodkruimels en meng met je vingers. Voeg de helft van het losgeklopte ei toe en meng goed tot het vleesmengsel aan elkaar begint te plakken. Gooi het overtollige ei weg.

d) Rol de worst met je handen en vorm 4 cilindrische vormen van ongeveer inch dik en 10 inch lang. Zet vlees apart.

e) Verwarm de oven voor op 400 graden F. Bekleed een grote bakplaat met bakpapier.

f) Open een ontdooid bladerdeegblad op een met bloem bestoven oppervlak. Snijd in 3 stroken van ongeveer 3 inch breed en 10 inch lang.

g) Leg een stuk van 3 inch van het voorgevormde worstvlees op het deeg dicht bij de rand. Rol het deeg rond het vlees, overlappend eronder met een centimeter.

h) Snijd de deegrol en rol hem terug om de onderste laag met eierwas te bestrijken. Rol opnieuw op en verzegel de onderste naad.

i) Snijd met een scherp mes twee diagonale sleuven van inch in het bovenoppervlak van de rol. Herhaal de procedure om 18 saucijzenbroodjes te vormen.

j) Leg de voorbereide saucijzenbroodjes in rijen en 2,5 cm uit elkaar op de bakplaat. Bestrijk de bovenkant van het deeg met eierwas.

k) Bak in een oven van 400 graden F gedurende 20 minuten. Zet het vuur lager tot 350 graden en bak nog 5 minuten.

l) Haal uit de oven als de bovenkant goudbruin is. Koel de saucijzenbroodjes op een rooster.

IERSE PUB SCONES EN BROOD

19. Hartige Kaas Scones

Ingrediënten:

- 225 g bloem
- 2 afgestreken theelepels bakpoeder
- snufje zout
- $\frac{1}{4}$ Theelepel mosterd
- 50g Boter
- 75 g geraspte cheddar
- 1 groot ei
- 4 eetlepels Creamery milk
- Extra melk om te glazuren

Routebeschrijving:

a) Verwarm de oven voor op 220 °C. Zeef de bloem, het bakpoeder, het zout en de mosterd. Wrijf de boter erdoor tot het mengsel op fijn broodkruim lijkt. Meng de geraspte kaas erdoor.

b) Klop het ei los en voeg melk toe. Maak een kuiltje in het midden van de droge ingrediënten en meng de vloeistof. Draai op een met bloem bestoven bord. Kneed het licht door en steek er met een deegsteker rondjes uit. Leg op een ingevette bakplaat.

c) Bestrijk met het ei- en melkmengsel en bak 12-15 minuten of tot ze goudbruin en gaar zijn.

20. Iers Sodabrood

Ingrediënten:

- 12 oz/340g bloem, volkoren of wit
- 1/2 theelepel zout
- 1/2 theelepel natriumbicarbonaat
- 1/2 kopje karnemelk

Routebeschrijving:

a) Meng al je droge ingrediënten door elkaar en zeef de droge ingrediënten om lucht toe te voegen. Maak vervolgens een kuiltje in het midden van de droge mix en voeg de helft van de karnemelk toe en meng dit voorzichtig. Voeg de rest van de karnemelk toe en kneed lichtjes om het op te nemen.

b) Als het mengsel bij gebruik van volkorenmeel droog en zwaar lijkt, voeg dan nog wat karnemelk toe. Het blijft aan je handen plakken, wees gewaarschuwd.

c) Leg het deeg op een met bloem bestoven aanrecht en breng het voorzichtig samen tot een ronde en breng dit vervolgens over naar een bakplaat. Snijd een kruis vrij diep in de bovenkant van het brood om "de feeën eruit te laten" en zet het dan 40 tot 45 minuten in de oven. Om te controleren of het brood gaar is, tik je lichtjes op de bodem als het hol klinkt dan is het klaar.

d) Je kunt allerlei ingrediënten aan je sodabroodmix toevoegen, kaas en ui, stukjes spek, fruit zoals rozijnen, gedroogde veenbessen en bosbessen, noten, zaden, vrijwel alles wat je maar wilt om een zoet of hartig brood te maken.

21. Iers tarwebrood

Ingrediënten:

- 500 g grof volkorenmeel
- 125 g bloem, plus extra om te bestuiven
- 1 tl bakpoeder
- 1 tl zout
- 600 ml karnemelk, plus een beetje extra indien nodig
- 1 el lichtbruine suiker
- 1 el gesmolten boter, plus extra voor het invetten van de pan
- 2 el gouden siroop

Routebeschrijving:

a) Verwarm de oven voor op 200°C - 400°F en vet 2 bakvormen in.

b) Neem een grote kom en zeef de bloem in de kom, samen met het bakpoeder en het zout. Maak een kuiltje in het midden van deze droge mix en voeg de karnemelk, bruine suiker, gesmolten boter en golden syrup toe.

c) Meng dit voorzichtig door elkaar tot alle ingrediënten zijn gecombineerd. Verdeel het mengsel vervolgens over de cakevormpjes en bestrooi met je favoriete toppings.

d) Bak dit ongeveer een uur, controleer halverwege of de pannen niet hoeven te worden gekeerd of dat de broden niet te bruin worden. Als ze zijn, zet het vuur dan een beetje lager.

e) Om te controleren of ze gaar zijn, haal je ze gewoon uit de vorm en tik je op de bodem van het brood, als het hol klinkt, is het klaar. Indien klaar op een koelrek plaatsen. Serveer afgekoeld met veel boter.

22.   Iers of Dublin Coddle

Ingrediënten:

- 1 eetlepel plantaardige olie

- 450 g worstjes

- 200 g spek, in reepjes gesneden

- 1 ui, gesnipperd

- 2 wortelen, in plakjes

- 1 kg of 2,5 pond aardappelen, geschild en in plakjes

- Vers gemalen zwarte peper

- 500 ml kippenbouillon je kunt een in heet water gesmolten bouillonblokje gebruiken

- 1 laurierblad

Routebeschrijving:

a) Verwarm de oven voor door voor te verwarmen op 170°C of 325°F. Terwijl dat opwarmt, verwarm je de olie in een koekenpan en bak je de worstjes bruin. Voeg het spek toe aan de gebruinde worstjes en bak die 2 minuten mee.

b) Leg de helft van de worstjes en het spek op de bodem van een braadpan en voeg dan de helft van de uien, wortelen en aardappelen toe. Kruid deze laag met peper en zout. Leg er dan nog een laag bovenop met de rest van de worstjes, bacon en groente, vergeet niet om ook deze laag op smaak te brengen.

c) Giet de opgewarmde bouillon over de hele braadpan en voeg het laurierblad toe. Dek af met een deksel en kook gedurende 2 uur, verwijder dan het deksel en kook nog eens 30 minuten.

d) Laat ongeveer 5 minuten uit de oven staan, bestrooi eventueel met peterselie en serveer.

23.   Iers brood met zure room

Opbrengst: 1 porties

Ingrediënt

2½ kopje gezeefde bloem voor alle doeleinden

2 theelepels bakpoeder

1 theelepel Zout

½ theelepel bakpoeder

¼ kopje verkorting

½ kopje suiker

1 ei; geslagen

1½ kopje Onze room

1 kopje rozijnen

½ kopje krenten

Verwarm de oven voor op 375 graden. Zeef bloem, bakpoeder, zout en soda in een kom. Opzij zetten. Crème bakvet en suiker tot licht en luchtig. Voeg ei en zure room toe. Goed mengen. Roer door het bloemmengsel. Mix tot het goed gemengd is. Vouw in rozijnen en krenten. Schep in een ingevette 2-kwart braadpan.

Bak gedurende 50 minuten. Dek af met aluminiumfolie en bak 10 minuten langer of tot het gaar is. Maakt een rond 8-inch brood.

## 24.	Iers boerenbrood

Opbrengst: 8 porties

Ingrediënt

8 ons meel

4 ons suiker

8 ons Gemengd gedroogd fruit

½ elk Geraspte schil van een citroen

2 eetlepels Boter

½ theelepel Zout

2 theelepels bakpoeder

1 snuifje bakpoeder

1 elk ei, losgeklopt

1¼ kopje Karnemelk

Porties: 8

Meng de bloem, suiker, fruit, citroenschil, boter, bakpoeder en soda. Voeg het losgeklopte ei en de karnemelk toe tot een mooi zacht deeg; klop goed en giet in een ingevette 2-pond broodvorm. Bak gedurende 1 uur op 300 F, of totdat het met een spies is gedaan.

25.   Iers havermoutbrood

Opbrengst: 1 porties

Ingrediënt

1 1/4 kopjes bloem voor alle doeleinden; verdeeld, tot 1

2 eetlepels Donkerbruine suiker; stevig verpakt

1 theelepel bakpoeder

1 theelepel bakpoeder

½ theelepel Zout

2 eetlepels Boter; verzacht

2 kopjes steengemalen volkoren meel

6 eetlepels Havermout

1½ kopje Karnemelk

1 Eiwit; voor beglazing

2 eetlepels Geplette havermout; om te besprenkelen

Klop 1 kop bloem, donkerbruine suiker, bakpoeder, bakpoeder en zout samen in een grote mengkom. Wrijf het mengsel tussen je vingertoppen om de suiker gelijkmatig te verdelen. Snijd de boter in het mengsel met een deegblender of twee messen tot het mengsel op fijne kruimels lijkt.

Roer volkoren meel en haver erdoor. Maak een kuiltje in het midden van het mengsel en voeg geleidelijk karnemelk toe, licht roerend tot het mengsel goed vochtig is. Gebruik de resterende ¼ kopje bloem, beetje bij beetje, bestuif het deeg lichtjes en verzamel het tot een bal. Kneed licht, voeg zo nodig bloem toe, tot het deeg glad en veerkrachtig is, ongeveer 6-8 keer kneden. Verwarm de oven voor op 375 graden en vet een grote bakplaat licht in. Vorm het deeg tot een gladde ronde bal en plaats deze in het midden van de voorbereide bakplaat. Druk de bal voorzichtig in een dikke 7-inch schijf. Snijd met een scherp mes een groot kruis bovenop het deeg. Klop het eiwit lichtjes schuimig en bestrijk het licht, maar gelijkmatig, over de bovenkant van het brood om het te glazuren. Je hoeft niet het hele eiwit te gebruiken.

Hak de havermout fijn in een keukenmachine of blender en strooi gelijkmatig over het eiwitglazuur. Bak in het midden van de voorverwarmde oven gedurende 40-45 minuten of tot het brood mooi bruin is en hol klinkt als er op wordt geslagen. Verwijder het brood onmiddellijk naar een rek om af te koelen.

26. Iers yoghurtbrood

Opbrengst: 1 porties

Ingrediënt

4 kopjes bloem

¾ theelepel bakpoeder

3 theelepels bakpoeder

1 theelepel Zout

1 kopje krenten

2 eetlepels Karwijzaad

2 eieren

1 kopje gewone magere yoghurt; gemengd

Roer de droge ingrediënten door elkaar. Voeg de krenten en karwijzaad toe; Voeg eieren toe. Voeg het yoghurt-watermengsel toe en roer tot een plakkerig beslag is gevormd. kneed 1 minuut op een goed met bloem bestoven oppervlak, vorm dan een bal en plaats in een goed ingevette ronde braadpan. Markeer een kruis in het midden met een scherp mes en bak in 350 oven gedurende 1 uur en 15 minuten voordat u het brood uit de braadpan haalt en laat afkoelen op een rooster. Snijd dun om te serveren. Vriest goed in en is het lekkerst de dag na het bakken

27.   Iers volkoren sodabrood

Opbrengst: 8 porties

Ingrediënt

3 kopjes bloem, volkoren

1 kop bloem, voor alle doeleinden

1 eetlepel Zout

1 theelepel bakpoeder

¾ theelepel bakpoeder

1½ kopje karnemelk, yoghurt of melk verzuurd met citroensap

Combineer de droge ingrediënten en meng grondig om de soda en het bakpoeder te verdelen, voeg dan genoeg karnemelk toe om een zacht deeg te maken, maar stevig genoeg om zijn vorm te behouden. Kneed op een licht met bloem bestoven bord gedurende 2 of 3 minuten, tot het vrij glad en fluwelig is. Vorm in een rond brood en plaats in een goed beboterde 8 inch taartvorm of op een goed beboterde bakplaat. Snijd een kruis op de bovenkant van het brood met een zeer scherp met bloem bestoven mes. Bak 35-40 minuten in een voorverwarmde oven van 375 ° F, of tot het brood mooi bruin is en hol klinkt als je er met de knokkels op klopt.

28. Iers bierbrood

Opbrengst: 1 porties

Ingrediënt

3 kopjes zelfrijzend bakmeel

⅓ kopje suiker

1 Fles Iers bier

Meng ingrediënten in kom. Giet het beslag in een ingevette cakevorm en bak een uur op 350 graden. Heet opdienen.

29. Iers berberbrood

Opbrengst: 1 porties

Ingrediënt

- 1⅛ kopje water
- 3 kopjes broodmeel
- 3 theelepels gluten
- 1½ theelepel Zout
- 3 eetlepels Suiker
- ¾ theelepel gedroogde citroenschil
- ¾ theelepel gemalen piment
- 1½ eetlepel Boter
- 2 eetlepels Droge melk
- 2 theelepels Rode Ster Actieve Droge Gist
- ¾ kopje rozijnen
- 1½ LB BROOD

a) Doe alle ingrediënten in de broodpan in de volgorde van de aanwijzingen van de fabrikant.

b) Dit maakt een dicht middelgroot brood (6-7 inch lang). Voor een luchtiger, groter brood, verhoog je de gist tot 2 ½ theelepels.

c) Heb ingrediënten op kamertemperatuur. Verwarm indien nodig water en boter in de magnetron gedurende 50-60 seconden op de hoogste stand.

d) Voeg voor mijn Hitachi 101 ¼ kopje rozijnen 4 minuten in de eerste cyclus toe.

e) Voeg de resterende rozijnen toe net na de rustperiode en als het tweede kneden begint.

f) Korstkleur: medium Broodcyclus: Brood of Mix Brood Dit is een succesvol brood in mijn Hitachi B101. Andere merken broodmachines zullen enkele wijzigingen moeten doorvoeren volgens hun eigen machines.

30. Iers sproetenbrood

Opbrengst: 1 porties

Ingrediënt

- 2 broden
- 4¾ elk Tot 5 3/4 kopjes ongezeefde bloem
- ½ kopje suiker
- 1 theelepel Zout
- 2 pakjes droge gist
- 1 kopje Aardappelwater
- ½ kopje margarine
- 2 Eieren, kamertemperatuur
- ¼ kopje Aardappelpuree, kamertemperatuur
- 1 kopje pitloze rozijnen

a) Meng in een grote kom 1½ kopje bloem, suiker, zout en onopgeloste gist grondig. Doe het aardappelwater en de margarine in een pan.

b) Verwarm op laag vuur tot de vloeistof warm is - de margarine hoeft niet te smelten. Voeg geleidelijk toe aan de droge ingrediënten en klop gedurende 2 minuten op gemiddelde snelheid met een elektrische mixer, af en toe de kom schrapen. Voeg eieren, aardappelen en kopje bloem toe, of genoeg bloem om een dik beslag te maken. Roer de rozijnen en voldoende extra bloem erdoor om een zacht deeg te maken.

c) Keer om op met bloem bestoven bord. Kneed tot het glad en elastisch is, ongeveer 10 minuten. Doe in een ingevette kom en draai het deeg om in vet.

d) Dek af en laat rijzen tot het in volume verdubbeld is. Pons het deeg naar beneden. Keer om op een licht met bloem bestoven bord.

e) Verdeel het deeg in 4 gelijke stukken. Vorm elk stuk in een slank brood, ongeveer 8 ½ inch lang. Leg 2 broden naast elkaar in elk van 2 ingevette 8 ½ x 4 ½ x 2 ½ inch broodvormen. Omslag. Laat rijzen op een warme plaats, vrij van tocht tot het in volume verdubbeld is.

f) Bak in een voorverwarmde oven van 375 F gedurende 35 minuten, of tot het gaar is. Haal uit de pannen en laat afkoelen op roosters. Colorado Cache Cookbook (1978) Uit de collectie van Jim Vorheis

31. Kruidenbrood

Opbrengst: 8 porties

Ingrediënt

- 10 ons meel
- 2 theelepels bakpoeder
- ½ theelepel bakpoeder
- 1 theelepel Gemengde kruiden
- ½ theelepel Gemalen gember
- 4 ons Lichtbruine suiker
- 2 ons gehakte gekonfijte schil
- 6 ons Rozijnen, gewoon of goudkleurig
- 4 ons Boter
- 6 ons gouden siroop
- 1 groot ei, losgeklopt
- 4 eetlepels Melk

a) Zeef de bloem met de soda en het bakpoeder, en de gemengde kruiden en gember: voeg dan de bruine suiker, de gehakte schil en de rozijnen toe: meng.

b) Maak een putje in het midden. Smelt de boter met de siroop op laag vuur en giet het mengsel in het kuiltje. Voeg het losgeklopte ei en de melk toe en meng goed. Giet in een ingevette broodvorm van 2 lb en bak in een voorverwarmde oven op 325 F gedurende 40-50 minuten, of totdat het getest is. Dit brood blijft enkele dagen vochtig en wordt in deze periode zelfs iets beter.

IERSE PUB HOOFDGERECHTEN

32. Ierse Kampioen

Ingrediënten:

- 5 flinke aardappelen
- 1 kop groene ui
- 1 kopje melk bij voorkeur volle melk
- 55 gram gezouten boter
- zout (naar smaak)
- witte peper (naar smaak)

Routebeschrijving:

a) Vul de pan met de aardappelen en bedek met water met daarin een ronde theelepel zout. Laat de aardappelen sudderen tot ze gaar zijn, om de kooktijd te verkorten, snijdt u de aardappelen eenvoudig in kleinere stukjes.

b) Hak de groene uien fijn terwijl de aardappelen koken. Houd het groene gedeelte apart van het wit.

c) Giet het water van de aardappelen af en zorg ervoor dat al het water eruit is. Voeg vervolgens de boter en melk toe aan de pan en pureer de aardappelen zachtjes. Eenmaal gepureerd roer de witte delen van de ui erdoor en breng op smaak met zout en witte peper. Verwijder alle Champ naar een kom om te serveren.

d) Strooi er voor het opdienen de gesnipperde groene uien over en geniet ervan.

33. Colcannon met kool of boerenkool

Ingrediënten:

- 1 kg aardappelen, geschild
- 250 g gehakte kool of boerenkool, goed gewassen en fijngesneden, gooi dikke stelen weg
- 100 ml/1 kop + 1 eetlepel melk
- 100 g/1 kop + 2 eetlepels boter
- Zout en versgemalen zwarte peper

Routebeschrijving:

a) Doe de geschilde aardappelen in een pan en bedek ze met water met een tl zout. Breng aan de kook en kook tot ze gaar zijn.

b) Kook de kool of boerenkool terwijl de aardappelen koken. Doe 1 eetlepel boter in een zware pan en smelt tot het net bubbelt. Voeg de gesneden boerenkool of kool toe met een snufje zout. Doe de deksel op de pan en kook 1 minuut op hoog vuur.

c) Roer de groenten en kook nog een minuut, giet het vocht af en breng op smaak met zout en peper.

d) Giet de aardappelen af en pureer met een beetje melk en 1 eetlepel boter, meng er dan de boerenkool of kool door en breng op smaak met zout en peper.

34.   Spelt en Prei

Serveert 4

Ingrediënten

- 50 g/2 oz (4 eetlepels) boter
- 3 preien, dun gesneden
- blaadjes van een paar takjes tijm, fijngehakt
- 1 laurierblad
- 350 g/12 oz (2 kopjes) speltkorrels
- 250 ml/8 fl oz (1 kopje) cider (harde cider)
- 750 ml/25 fl oz (3 kopjes) groentebouillon (bouillon)
- 2 eetlepels gehakte peterselie
- Zeezout

Routebeschrijving

a) Smelt de helft van de boter in een grote koekenpan (koekepan) op middelhoog vuur. Bak de prei met de tijm en het laurierblad ongeveer 5 minuten tot ze lekker zacht zijn. Voeg de speltkorrels toe en kook een minuut, voeg dan de cider toe en breng aan de kook.

b) Voeg de bouillon (bouillon) toe en laat 40 minuten–1 uur sudderen tot de spelt gaar en zacht is. Voeg eventueel nog wat water toe.

c) Haal van het vuur en spatel de rest van de boter en peterselie erdoor. Kruid voor het serveren.

35. Kabeljauw met saffraan en tomaten

Serveert 4

Ingrediënten

- 1 eetlepel koolzaadolie (canola)
- 1 ui, fijngesnipperd
- 2 teentjes knoflook, geperst
- 150 g/5 oz (ongeveer 3 kleine) aardappelen, geschild en in blokjes gesneden
- 1 laurierblad
- 175 ml/6 fl oz (. kopje) sherry
- een flinke snuf saffraan
- 350 ml/12 fl oz (1. kopjes) visbouillon (bouillon)
- 1 blik van 400 g (14 oz) gehakte tomaten, gemengd
- 600 g kabeljauwfilet van 5 oz, ontveld en ontbeend, in hapklare stukjes gesneden
- 2 eetlepels peterselie
- zeezout en versgemalen zwarte peper

Routebeschrijving

a) Verhit de olie in een grote pan op middelhoog vuur, voeg de ui en knoflook toe, dek af en kook ongeveer 5 minuten tot ze zacht en mooi gekleurd zijn. Kruid met een beetje zout.

b) Voeg de aardappelen en het laurierblad toe en kook een paar minuten. Voeg vervolgens de sherry, saffraan en visbouillon (bouillon) toe. Kook ongeveer 15 minuten tot de aardappelen bijna gaar zijn.

c) Voeg de tomaten toe, laat sudderen en kook gedurende 15 minuten. Voeg op het laatste moment de vis toe en bak 1 minuut mee. Voeg de gehakte peterselie toe en breng op smaak met peper en zout.

36. Duif en Stout

Serveert 4

- 4 duiven, geplukt en gestript
- 4 eetlepels koolzaad (canola) olie
- 75 gram/2. oz (5. eetlepels) boter
- een paar takjes tijm
- 2 uien, gesnipperd
- 2 teentjes knoflook, zeer fijn gesneden
- 250 g/9 oz champignons, in plakjes
- 500 ml/17 fl oz (royaal 2 kopjes) kippenbouillon (bouillon)
- 4 eetlepels whisky
- 500 ml/17 fl oz (royaal 2 kopjes) stout
- zeezout

Routebeschrijving

1. Kruid de duiven met zeezout. Verhit 3 eetlepels olie in een grote pan op middelhoog vuur, voeg de duiven toe en schroei dicht. Voeg na enkele minuten de boter met de tijm toe en laat karamelliseren. Bedruip de duiven een paar minuten tot ze mooi bruin zijn. Haal de duiven uit de pan en laat ze rusten.

2. Veeg de pan af met wat keukenpapier en gooi de boter en tijm weg. Verhit de rest van de olie in de pan op middelhoog vuur en fruit de uien en knoflook 3-4 minuten tot ze glazig zijn.

3. Breng op smaak met zeezout, voeg de champignons toe en kook 5-7 minuten tot de champignons een mooie kleur hebben. Voeg de kippenbouillon (bouillon), whisky en stout toe.

Breng aan de kook, zet het vuur lager en laat 30 minuten sudderen.

4. Doe de duiven terug in de pan, dek af en laat nog 20 minuten sudderen tot de duiven gaar zijn; de kerntemperatuur van het borstvlees moet 65C/150F bereiken op een vleesthermometer.

37. Lams hete pot

Serveert 6-8

Ingrediënten

- 750 g lamsschouder, in blokjes gesneden
- 50 g/2 oz (. kopje) rundvlees druipend
- 3 uien, gesnipperd
- 2 eetlepels fijngehakte tijm
- 2 eetlepels gewone bloem (voor alle doeleinden)
- 750 ml/25 fl oz (3 kopjes) lamsbouillon (bouillon), opgewarmd
- 750 g/1 lb 10 oz lb (7 middelgrote) aardappelen, geschild en in dunne plakjes gesneden
- 50 g/2 oz (3. eetlepels) boter, gesmolten
- zeezout en versgemalen zwarte peper

Routebeschrijving

1. Verwarm de oven voor op 180C/350F/gasstand 4.

2. Kruid het lam met zwarte peper en zout. Verhit het rundvlees dat in een gietijzeren pan druipt op middelhoog vuur, voeg het lamsvlees toe en bak, in porties, 5-10 tot het mooi bruin is. Verwijder en bewaar op een warme plaats.

3.Voeg de uien en de helft van de tijm toe aan de pan en kook ongeveer 5 minuten tot ze zacht en doorschijnend zijn. Om een roux te maken, voeg je de bloem toe en kook je 2 minuten tot een losse pasta. Giet er geleidelijk de warme lamsbouillon (bouillon) bij en roer tot de roux is opgelost.

4. Breng het gebruinde lamsvlees terug in de pot. Leg de aardappelschijfjes in een cirkelvormig patroon erop. Bestrijk met de gesmolten boter en breng op smaak met zeezout, zwarte peper en de resterende tijm.

5.Dek af en bak in de voorverwarmde oven gedurende 45 minuten. Verwijder de laatste 15 minuten het deksel om de aardappelen bruin te laten worden.

38. Kippenbouillon met veel goede dingen?

Serveert 6

1,8 liter (3 pints) goed gearomatiseerde en goed afgeroomde zelfgemaakte kippenbouillon

225 g (8oz) ongekookte of gekookte, geraspte kip (ik gebruik liever bruin vlees)

schilfers zeezout en versgemalen zwarte peper

6 middelgrote rode tomaten, in blokjes van 1 cm (1/2 inch) gesneden

2-3 rijpe Hass-avocado's, in blokjes van 1,5 cm (2/3) gesneden

2 middelgrote rode uien, in blokjes van 1 cm (1/2 inch) gesneden

2 groene Serrano of Jalapeño pepers, in dunne plakjes

3 biologische limoenen, in partjes gesneden

3-4 zachte maïstortilla's of een grote zak tortillachips van hoge kwaliteit

4-6 eetlepels grof gehakte korianderblaadjes

Doe de kippenbouillon in een brede pan van 2,5 liter (4 1/2 pint) en breng aan de kook de kook. Proef en breng op smaak met zout en peper – de bouillon moet een volle rijke smaak hebben, anders wordt de soep flauw en smakeloos.

Voeg vlak voor het opdienen de gesnipperde kip toe aan de hete bouillon en pocheer voorzichtig zodat hij niet taai wordt. Gekookte kip hoeft alleen maar door de bouillon te worden verwarmd. Rauw wit vlees heeft 2-3 minuten nodig om te garen en bruin vlees iets langer - 4-6 minuten. Breng op smaak.

39.   Roman Chicken and Chips met rozemarijn en tijm

Serveert 8-10

- 2 kg (4 1/2 lb) biologische scharrelkippendijen, drumsticks en vleugels
- 2-3 eetlepels (2 1/2 - 4 Amerikaanse eetlepels) tijmblaadjes
- 1-2 eetlepels (1 1/4 - 2 1/2 Amerikaanse eetlepels) gehakte rozemarijn
- 1,1 kg (2 1/2 lb) (ongeveer 10 grote) aardappelen
- extra vierge olijfolie, om te besprenkelen
- 250 g (9oz) uien, in plakjes
- schilfers zeezout en versgemalen zwarte peper

a) Verwarm de oven voor op 230°C/450°F/gasstand 8.

b) Kruid de kip flink met peper en zout. Doe in een grote kom en bestrooi met de tijmblaadjes en gehakte rozemarijn, bewaar wat voor de aardappelen. Goed gooien.

c) Schil de aardappelen en snijd ze in plakjes van 1 cm (1/2 inch) dik. Droog af en breng goed op smaak met zout, versgemalen zwarte peper en de achtergehouden tijm en fijngehakte rozemarijn. Voeg toe aan de kom met kip. Besprenkel met extra vierge olijfolie en schep nogmaals om.

d) Verdeel de gesneden uien over de bodem van een braadslee, ca. 37 x 31 x 2 cm (15 x 11 1/4 x 3/4 inch), of twee kleinere blikken van ca. 30 x 20 x 2,5 cm (11 x 8 x 1 inch). Leg de kip en de aardappelen er willekeurig bovenop en zorg ervoor dat de aardappelen omhoog komen. Besprenkel met nog wat olijfolie.

e) Rooster 45 minuten–1 uur of tot de kip gaar is en de frietjes aan de randen krokant zijn. (Biologische stukjes kip zijn groter, dus de kooktijd kan oplopen tot 1 1/4 uur.)

f) Serveer uit het blik, familiale stijl, met een goede groene salade en eventueel wat groenten naar keuze.

40.   Eenpanspasta met tomaat en chorizo

Serveert 6

- 2 eetlepels (2 1/2 eetlepels) extra vierge olijfolie
- 1 middelgrote ui, gesnipperd
- 1 teen knoflook, geplet
- 1/2-1 rode peper, fijngehakt
- 900g (2lb) zeer rijpe tomaten, gepeld, in de zomer of 2 1/2 x 400g (14oz) blikken tomaten in de winter
- rasp van 1 biologische citroen
- 1-2 theelepels gehakte rozemarijn, afhankelijk van de sterkte van de smaak
- 225 g (8oz) chorizo, geschild en in blokjes gesneden
- 850 ml zelfgemaakte kippen- of groentebouillon
- 175 ml (6fl oz/3/4 kop) dubbele room
- 300-350 g (10 - 12oz) fettuccine of spaghetti
- 2 eetlepels (2 1/2 Amerikaanse eetlepels) gehakte bladpeterselie
- 30 g (1 1/2 oz) vers geraspte Parmezaanse kaas
- schilferig zeezout

- versgemalen zwarte peper en een flinke snuf suiker naar smaak

a) Verhit de olie in een roestvrijstalen pan van 6 liter (10 pint). Voeg de uien en knoflook toe, hussel tot ze bedekt zijn, dek af en zweet op een zacht vuur tot ze zacht maar niet gekleurd zijn. Voeg de chili toe. Het is essentieel voor het succes van dit gerecht dat de uien helemaal zacht zijn voordat de tomaten worden toegevoegd.

b) Snijd de verse tomaten of tomaten uit blik en voeg ze toe aan de uien met alle sappen en de citroenschil. Breng op smaak met zout, peper en suiker (tomaten uit blik hebben vanwege hun hoge zuurgraad veel suiker nodig). Voeg de rozemarijn toe. Kook, onafgedekt, nog 10 minuten, of tot de tomaat zacht wordt. Kook verse tomaten korter om de levendige frisse smaak te behouden.

c) Voeg de chorizo, bouillon en room toe. Breng weer aan de kook, voeg de pasta toe, roer voorzichtig om de strengen te scheiden en aankleven te voorkomen. Breng aan de kook, dek af en laat 4 minuten sudderen en laat nog 4-5 minuten in de goed afgedekte pan staan, of tot ze net al dente zijn. Als je de gedroogde pasta toevoegt, lijkt het te veel, maar houd je zenuwen in bedwang, het wordt binnen een minuut of twee zacht en kookt heerlijk in de saus.

d) Breng op smaak, bestrooi met veel gehakte peterselie en geraspte Parmezaanse kaas. Dienen.

41.   Kool en spek

Opbrengst: 4 porties

Ingrediënt

2 kleine savooikooltjes

8 reepjes spek

Zout en peper

4Hele pimentbessen

300 milliliter Spek- of kippenbouillon

Snijd de kool doormidden en kook 15 minuten in gezouten water.

Giet af en laat 1 minuut in koud water weken, laat goed uitlekken en snijd in plakjes. Bekleed de bodem van een braadpan met de helft van de spekreepjes, leg de kool erop en voeg de kruiden toe. Voeg zoveel bouillon toe dat het net onder staat en leg de resterende reepjes spek erop. Dek af en laat een uur sudderen, tot het meeste vocht is opgenomen.

42. Gebakken gevulde haring

Opbrengst: 4 porties

Ingrediënt

4 eetlepels Paneermeel (ophopen)

1 theelepel Peterselie, fijngehakt

1 klein ei, losgeklopt

1 Sap en schil van citroen

1 snufje nootmuskaat

1 Zout en peper

8 Haring, schoongemaakt

300 milliliter Harde cider

1 laurierblad, goed verkruimeld

1 versgemalen peper

Gebruiksaanwijzing: Maak eerst de vulling door het paneermeel, de peterselie, het losgeklopte ei, het citroensap en de schil, en zout en peper te mengen. Vul de vis met het mengsel. Leg in een ovenvaste schaal, dicht bij elkaar; voeg de cider, verkruimeld laurierblad en zout en peper toe. Dek af met folie en bak ongeveer 35 minuten op 350F. Serveert 4.

43. Gestoofde bleekselderij

Opbrengst: 4 porties

Ingrediënt

1 stuk bleekselderij

1 elk Medium ui

1 theelepel Gehakte peterselie

2 plakjes bacon

10 vloeibare ounce voorraad

1 x Zout/peper naar smaak

1 ons Boter

Maak de bleekselderij schoon, snij in stukken van 2,5 cm en doe ze in een ovenschaal.

Snijd spek en ui fijn en bestrooi met bleekselderij samen met gehakte peterselie. Op voorraad gieten. Stip met klontjes boter. Dek de schaal af en bak 30-45 minuten in een matige oven.

44. Zalm met vijf kruidenkorst en zuurkool

Opbrengst: 4 porties

Ingrediënt

½ pond Iers spek

1,00 eetlepel Karwijzaad

1.00 grote ui

1.00 Pruimtomaat; gehakt, met

Zaden en huid

2,00 pond Zuurkool; uitgelekt indien nodig

12.00 ounce Lager bier

¼ kopje korianderzaad

¼ kopje komijnzaad

¼ kopje venkelzaad

¼ kopje zwarte uienzaden

¼ kopje Zwart mosterdzaad

4,00 Zalmfilets tot 6 - (6 oz ea); huid op, knippen

Vanuit het middengedeelte

¼ kopje plantaardige olie

Zweet het spek, het karwijzaad en de uien vijf tot zeven minuten of tot ze zacht, maar niet gekleurd zijn. Voeg de tomaat, zuurkool en bier toe en breng aan de kook. Zet het vuur laag om te laten sudderen en kook, afgedekt gedurende een uur. Laat afkoelen en reserveer tot nodig. Het is gekoeld tot een week houdbaar zonder te bederven. Zalm: meng elk kruid kort in een blender om te breken, maar verpulver niet tot een poeder. Meng ze allemaal goed door elkaar in een kom. Maak elk stuk zalm nat met water aan de huidzijde. Dredge elk stuk, met de huid naar beneden, in de kruidenmix.

Opzij zetten. Verwarm ondertussen een zware braadpan of koekenpan voor. Voeg de olie toe en voeg dan de stukken zalm toe, met de huid naar beneden en dek af met een goed sluitend deksel. Laat ze slechts vier minuten aan één kant koken, voor zeldzame vis. Kook langer indien gewenst. Dek de pan af en leg de vis op keukenpapier om uit te lekken. Serveer de zalm met de hete zuurkool.

45.   Knoflook makreel

Opbrengst: 1 porties

Ingrediënt

- 4 Makreel (of 8 kleine)
- 1 teentje knoflook Gekruide bloem boter om te bakken Citroensap

Knoflook heel fijn hakken Verdeel over de vis en wrijf goed in.

Rol de makreel door het losgeklopte ei en vervolgens door de bloem. Bak 4-5 minuten aan elke kant in boter. Besprenkel met citroensap en serveer.

46. Hete beboterde mosselen

Opbrengst: 1 porties

Ingrediënt

2 pinten Mosselen

4 ons Boter

1 Zout en peper

2 eetlepels Gehakte bieslook

Was de mosselen grondig onder stromend water. Verwijder "baarden" en gooi alle open schelpen weg. Doe de mosselen in de pan en kook op hoge temperatuur gedurende 7 of 8 minuten, tot de schelpen opengaan. Kruid met peper of zout. Leg in een serveerschaal en giet het kookvocht erover.

Bestrooi met klontjes boter en bestrooi met gehakte bieslook. Serveer met vers bruin brood en boter.

47.   Ierse kaneelaardappelen

Opbrengst: 1 porties

Ingrediënt

8 ons Roomkaas, verzacht

8 ons kokosnoot

1 doos (1 lb) 10X suiker

1 eetlepel Melk

1 eetlepel Ierse whisky, (of vanille)

Kaneel

Meng roomkaas en suiker door elkaar. Voeg dan de rest van de ingrediënten toe (behalve kaneel). Rol in ¾ "ballen. Rol in kaneel. Laat een paar dagen staan om in te stellen. Geniet dan.

48. Ierse varkenslende met citroen en kruiden

Opbrengst: 8 porties

Ingrediënt

6 pond varkenslende zonder been

½ kopje gehakte peterselie

¼ kopje fijngehakte ui

¼ kopje fijn geraspte citroenschil

1 eetlepel Basilicum

3 teentjes knoflook geplet

¾ kopje Olijfolie

¾ kopje droge sherry

Dep het varkensvlees droog. Scoor goed met een scherp mes.

Combineer peterselie, ui, schil, basilicum en knoflook in een kleine kom.

Klop ⅔ olie erdoor. Wrijf in varkensvlees.

Wikkel in folie en zet een nacht in de koelkast. Laat het varkensvlees 1 uur voor het braden op kamertemperatuur staan.

Verwarm de oven voor op 350 graden F. Borstel varkensvlees met de resterende olijfolie. Zet op rek in ondiepe pan.

Rooster tot de vleesthermometer die in het dikste deel van het vlees is gestoken, 170 graden F aangeeft, ongeveer $2\frac{1}{2}$ uur. Zet vlees apart. Pannensappen ontvetten.

Blend Sherry in pan sappen. Dek af en kook op laag vuur 2 minuten.

Breng varkensvlees over naar de schotel. Garneer met verse peterselie en schijfjes citroen. Saus apart serveren.

49. Iers varkensvlees in stout met kruiden

Opbrengst: 1 porties

Ingrediënt

6 ons bruine suiker

Knoflook

Oregano

Tijm

Azijn

2 theelepels Steenzout

2 theelepels gemalen zwarte peper

6 Zwarte olijven

Verstandig

6 pruimen

Ansjovisfilets

2 eetlepels Boter

2 eetlepels Olijfolie

1 ui; gesneden

1 ons Roux; (gelijke hoeveelheid

; boter en bloem)

MARINADE

Snijd voorzichtig de korst van het varkensvlees en leg opzij. Maak zes incisies in elke knokkel. Wikkel de salie om de olijven en steek in de helft van de inkepingen. Wikkel de ansjovis om de pruimen en steek deze in de andere gaatjes. Om de marinade te bereiden, voegt u eenvoudig alle marinade-ingrediënten toe aan een blender en mengt u tot een gladde pasta.

Als de pasta te droog is, voeg dan wat olie toe om een pasta te vormen. Giet de marinade over de twee knokkels en laat een nacht staan. Om het varkensvlees te koken, neem je een grote pan en smelt je 2 oz boter en 2 el olijfolie. Bak het vlees 5-8 minuten bruin in de pan en keer halverwege om.

Voeg de gesnipperde ui en de overige marinades toe.

Voeg een klein flesje stout toe.

Leg het vel van de knokkels op het vlees om een 'deksel' te vormen. Zet de pot 3-4 uur in een lage oven op 130C/gas2. Gooi de huid weg. Verwijder de botten van het vlees, wat gemakkelijk zou moeten gebeuren, en doe het dan in een serveerschaal.

Meng de resterende sappen in een blender en zeef in een pot. Breng de sappen aan de kook en voeg de roux toe om in te dikken. Giet over het vlees. Dienen.

50.   Forel gebakken op Ierse wijze

Opbrengst: 4 porties

Ingrediënt

-JUDY GARNETT PJXG05A

4 Groene uien; gesneden

1 Groene paprika; gehakt

¼ kopje margarine of boter

1 kopje zachte broodkruimels

¼ kopje verse peterselie; geknipt

1 theelepel Citroensap

1 theelepel Zout

¼ theelepel gedroogde basilicumblaadjes

4 hele forel (@ ongeveer 8 oz.); getrokken zout

Kook en roer uien en peper in margarine tot de uien zacht zijn; van het vuur halen. Roer paneermeel, peterselie, citroensap, 1 tl. zout en de basilicum.

Wrijf holtes van vis in met zout; vul elk met ongeveer ¼ c.

vulling. Leg de vis in een ingevette langwerpige ovenschaal, 13 1/2x9x2 inch. Kook onafgedekt in 350 gr. oven tot de vis gemakkelijk uit elkaar valt met een vork, 30 tot 35 minuten. Garneer de vis eventueel met cherrytomaatjes en peterselie.

IERSE PUB STEWS en SOEPEN

51. Ierse Lamsstoofpot

Ingrediënten:

- 1-1½ kg of 3,5 lbs nek of schouder van lam
- 3 grote uien, fijngesnipperd
- Zout en versgemalen zwarte peper
- 3-4 wortelen, in kleine stukjes gesneden
- 1 prei, in kleine stukjes gesneden
- 1 kleine raap/raap/koolraap, in kleine stukjes gesneden
- 10 kleine nieuwe aardappelen, geschild en in vieren, of 2 grote aardappelen, geschild en in stukjes
- 1/4 van een kleine kool, versnipperd
- Boeket peterselie, tijm en laurier - bind dit samen met een touwtje dat je er in kunt laten
- Scheutje Worcestershiresaus

Routebeschrijving:

a) U kunt uw slager vragen om het vlees van het bot te snijden en het vet eraf te halen, maar bewaar de botten of doe dit thuis. Verwijder het vet en snijd het vlees in blokjes. Doe het vlees in een pan die gevuld is met koud gezouten water en breng het samen met het vlees aan de kook. Zodra dit kookt, haal je het van het vuur en giet je het af, spoel je het lamsvlees af om eventuele resten te verwijderen.

b) Terwijl dit kookt, plaatst u de botten, uien, groenten maar niet de aardappelen of kool in een nieuwe pot. Voeg de kruiden en het boeket kruiden toe en bedek met koud water. Wanneer het vlees is afgespoeld, voeg je het toe aan deze pan en laat je het een uur sudderen. Je zult af en toe het schuim moeten afschuimen.

c) Voeg na een uur de aardappelen toe en kook de stoofpot nog 25 minuten. Voeg de aardappelen toe en kook nog 25 minuten. Voeg de kool toe tijdens de laatste 6-7 minuten van het koken.

d) Als het vlees mals is en uit elkaar valt, verwijder dan de botten en het kruidenboeket. Proef nu de stoofpot en voeg vervolgens de Worcestershire-saus naar smaak toe en serveer.

52. Gebakken pastinaak op Ierse wijze

Opbrengst: 8 porties

Ingrediënt

2½ pond pastinaak

2 ons boter of spekvet

3 eetlepels bouillon

1x Zout en peper

1 x Snufje nootmuskaat

Schil de pastinaak, snijd in vieren en verwijder de houtachtige kern. Kook gedurende 15 minuten. Leg in een ovenvaste schaal. Voeg de bouillon toe en bestrooi met zout, peper en nootmuskaat. Besprenkel met boter en bak 30 minuten op een lage plank in een matige oven. (Over het algemeen worden pastinaken gebakken in dezelfde oven als het hoofdvleesgerecht, waarvan de kooktemperatuur die van de pastinaken regelt.)

53. Ierse Zeevruchtensoep

Ingrediënten:

- 4 kleine heekfilets rond een 1lb/500g
- 2 zalmfilets zoals hierboven
- 1 stuk gerookte vis ongeveer 1/2lb/250g
- 1 el plantaardige olie
- 1 tl boter
- 4 aardappelen
- 2 wortelen
- 1 ui
- 500 ml / 2,25 kopjes vis- of kippenbouillon
- 2 el gedroogde dille
- 250 ml / 1 kop room
- 100 ml/1/2 kop melk
- 4 el fijngesneden bieslook

Routebeschrijving:

a) Neem de aardappelen en schil ze en snijd ze in kleine blokjes. Met de wortel schillen en in kleinere blokjes snijden dan de aardappelen.

b) Verwijder eventueel het vel van de vis en snij in grote stukken, deze zal tijdens het koken uit elkaar vallen.

c) Doe de olie en boter in een diepe pan en fruit de ui, aardappel, dille en wortel zachtjes ongeveer 5 minuten. Giet de bouillon in de pan en breng aan de kook gedurende 1 minuut.

d) Neem het deksel van de pan en voeg de room en melk toe en daarna de vis. Laat zachtjes sudderen (niet koken) tot de vis gaar is.

e) Serveer met een garnituur van peterselie en wat van je zelfgemaakte tarwebrood.

54. Rundvlees en Guinness Stoofpot

Ingrediënten:

- 2 eetlepels. olie-
- 1 kg ribsteak, goed getrimd en in blokjes gesneden
- 2 uien, dun gesneden
- 2 teentjes knoflook, gesnipperd
- 1 eetl. zachte donkerbruine suiker
- 1 el bloem
- 125 ml Guinness
- 125 ml water
- Takje tijm
- 1 el rode wijnazijn
- 1 el Dijon-stijl mosterd
- Snufje gemalen kruidnagel
- Zout en zwarte peper
- 1 kg aardappelen, geschild en in middelgrote blokjes
- 250 g gesneden kool
- 100 ml melk

- 100 g boter
- Zout en versgemalen zwarte peper

Routebeschrijving:

a) Verwarm je oven voor op 160°C (325°F). Terwijl dit aan het opwarmen is, giet je wat olie in een koekenpan en bak je het vlees bruin, zorg ervoor dat elk stuk aan alle kanten dicht is.

b) Verwijder het vlees en zet opzij, voeg dan de ui en knoflook toe en bak een paar minuten en strooi dan de bloem en de suiker erdoor. Meng dit goed om al het sap in de pan op te nemen en voeg dan geleidelijk je Guinness toe terwijl je constant roert.

c) Als dit goed is opgenomen en glad is, voeg dan de azijn, mosterd, kruidnagel, kruiden en tijm toe en breng aan de kook. Leg het vlees in een braadpan en voeg dit toe aan de schaal.

d) Doe een deksel op de braadpan en laat 1 1/2 uur in de oven garen tot het vlees gaar is.

e) Voeg de tijm, wijnazijn, mosterd, gemalen kruidnagel en kruiden toe; breng aan de kook en giet het over het vlees in de braadpan. Doe de deksel erop en laat $1\frac{1}{2}$ uur in de oven garen of tot het vlees gaar is. Voeg ongeveer 20 minuten voor het einde van de kooktijd de kool en aardappelen toe aan de braadpan en kook verder.

f) Serveer als het vlees zacht is, als variatie kun je de aardappelen weglaten en als puree serveren met de stamppot erop.

55. Iers-Mex stoofvlees

Opbrengst: 8 porties

Ingrediënt

3 pond mager rundvlees zonder been gebraden vlees

1½ theelepel Chilipoeder

1 theelepel gemalen komijn

1 theelepel Rode peper

½ theelepel Knoflookpoeder

¼ theelepel zwarte peper

½ theelepel gedroogde oregano Pam of 1 el. olijfolie

1 middelgrote ui, in stukken gesneden

1 middelgrote paprika, in stukken gesneden

1 Wortel, in stukken gesneden

5 6 Red Bliss aardappelen, gewassen en gehalveerd

1½ kopje Ingeblikte geplette tomaten

Combineer chilipoeder, komijn, rode peper, zwarte peper en oregano.

Maak kleine sneetjes in het gebraad. Steek het kruidenmengsel in elke spleet. Bewaar wat van het kruidenmengsel om aan de jus toe te voegen. Spray Dutch Oven met Pam; plaats op middelhoog vuur. Bruin vlees aan beide kanten. Voeg uien, paprika en wortel toe en voldoende water om de bodem van de pan te bedekken. Omslag; 1 uur in een oven van 350 graden roosteren. Voeg geplette tomaten en aardappelen toe; blijf nog 1 uur koken of tot het vlees zacht is en de aardappelen gaar zijn. Verwijder het gebraad naar de serveerschaal en snijd het in plakjes.

Schik groenten rond het gebraad. Serveer de jus apart.

56. Kip Stoofpotje Met Dumplings

Serveert 4

Ingrediënten

- 1 kip, in 8 stukken gesneden
- 15 gram/. oz (2 eetlepels) gewone bloem (voor alle doeleinden)
- 2 eetlepels koolzaad (canola) olie
- 15 gram/. oz (1 eetlepel) boter
- 1 ui, gesnipperd
- 4 salieblaadjes
- elk een takje rozemarijn en tijm
- 2 wortelen, in stukjes
- 250 ml/8 fl oz (1 kopje) cider (harde cider)
- 1 liter/34 fl oz (4. kopjes) kip
- bouillon (bouillon)
- 1 theelepel zeezout
- vers gemalen zwarte peper
- gehakte platte peterselie, om te garneren Voor de dumplings

- 350 g/12 oz (2 kopjes) bloem (voor alle doeleinden), gezeefd
- 50 g (4 eetlepels) koude boter, geraspt
- 1 theelepel bakpoeder
- 350 ml/12 fl oz (1. kopjes) melk
- zeezout

Routebeschrijving

a) Kruid de stukken kip met al het zout en wat peper en wentel ze door de bloem.

b) Verhit de olie op middelhoog vuur in een grote pan of braadpan met dikke bodem (Nederlandse oven) en bak de stukjes kip, in porties, ongeveer 5 minuten tot ze rondom goudbruin zijn. Leg de kip apart en veeg de pan schoon.

c) Smelt de boter in de pan en voeg de ui, salie, rozemarijn en tijm toe. Bak 3-4 minuten tot de ui zacht is en voeg dan de wortel toe. Blus de pan met de cider en breng aan de kook.

d) Doe de kip en het sap terug in de pan en bedek met de bouillon (bouillon). Laat op middelhoog vuur ongeveer 25-30 minuten sudderen tot de kip gaar is zonder tekenen van roze en de sappen helder zijn.

e) Meng intussen voor de dumplings de bloem en boter in een kom met het bakpoeder en het zout. Voeg de melk toe om een los deeg te maken. Voeg eetlepels van het knoedelmengsel toe aan de pan met de kip gedurende de laatste 5-10 minuten van de kooktijd, draai de knoedels halverwege om zodat ze aan beide kanten garen.

f) Voeg de peterselie toe en serveer.

57. Crème van mosselsoep

Opbrengst: 4 porties

Ingrediënt

¾ pint Mosselen

3 kopjes koud water

2 ons Boter

1 ons meel

½ kopje Single cream

1x Zout en peper

Was de mosselen grondig. Verwarm in een droge droogpan tot de schelpen opengaan. Schil en baard de mosselen. Smelt boter in een pan, voeg bloem toe en bak 1 of 2 minuten. Haal van het vuur en roer het water erdoor, plus eventueel overgebleven vocht uit de pan. Voeg zout en peper toe, breng aan de kook, dek af en laat 10 minuten sudderen. Haal van het vuur. Mosselen en room erdoor roeren. Breng op smaak en serveer direct.

58. Dublin gestoofd varkensvlees

Opbrengst: 4 porties

Ingrediënt

1½ pond stukjes varkensvlees

2 pond Kokende appels

1 pond uien

1 eetlepel Bruine suiker

¾ kopje bouillon of water

¾ kopje room

1 x Gekruide bloem

1 x Boter of spekvet

Snijd het vlees en de ui in grove stukken. Smelt het vet of de boter en bak de ui zachtjes gaar. Haal uit de pan. Gooi het vlees in gekruide bloem en bruin snel in vet. Doe uien, vlees, bouillon en suiker in een pan en laat afgedekt 1½ uur sudderen. Appels schillen, ontpitten en in stukjes snijden. Voeg toe aan pot. Ga door met koken tot de appels net gaar zijn, maar niet te papperig. Voeg room toe en verwarm door. NIET KOOK! Breng op smaak en serveer.

59. Verse erwtensoep

Opbrengst: 6 porties

Ingrediënt

350 gram Erwten, vers gedopt

2 eetlepels Boter

1 elk Middelgrote ui, gesnipperd

1 stuk Krop ijsbergsla/gehakt

1 elk Takje munt, gehakt

1 takje peterselie, gehakt

3 reepjes spek, fijngesneden

1½ liter Hambouillon

1x Zout en peper

1 x Suiker

1 x Gehakte peterselie

Bewaar de peulen na het pellen van de doperwten, was ze en breng ze aan de kook in de hambouillon terwijl je de soep bereidt. Verhit de boter in een grote pan en fruit hierin de ui, voeg dan de sla, munt en peterselie toe. Schil en snijd het spek. Bak het ongeveer 2 minuten, keer het van tijd tot tijd; voeg toe aan de pan met de erwten, zout, peper en een kleine hoeveelheid suiker. Zeef de bouillon en voeg toe. Breng al roerend aan de kook en laat ongeveer een half uur sudderen tot de erwten vrij zacht zijn.

Garneer met gehakte peterselie of munt.

60. Instant Ierse room van aardappelsoep

Opbrengst: 6 porties

Ingrediënt

- 1 kop aardappelen; geschild en in blokjes gesneden
- 1 kop uien; in blokjes gesneden
- 1 kop wortelen; in blokjes gesneden
- 2 eetlepels Dille, vers; gehakt OF
- 1 eetlepel gedroogde dille
- ¼ theelepel gemalen witte peper
- 1 theelepel Gegranuleerde knoflook OR
- 2 theelepels verse knoflook; fijngehakt
- 3 eetlepels Maïsolie
- 4 kopjes ;water
- 2¼ kopje lichte sojamelk
- 2 eetlepels Groentebouillonpoeder
- 1 kopje Instant aardappelpuree vlokken

In een middelgrote pan, bak aardappelen, uien, wortelen, peper, dille en knoflook in olie op middelhoog vuur gedurende 6 minuten.

Voeg water, sojamelk en bouillonpoeder toe.

Voeg langzaam aardappelvlokken toe, constant kloppend om een gelijkmatige verspreiding te garanderen. Zet het vuur laag en kook, af en toe roerend, tot de aardappelen gaar zijn en het mengsel heet is, ongeveer 15 minuten.

61.　Raap- en speksoep

Opbrengst: 4 porties

Ingrediënt

¼ pond Spekspek, korst eraf

¼ pond Gesnipperde uien

¼ pond Gehakte aardappelen

¾ pond Gehakte rapen

2 pinten Voorraad

1 x Vet om te frituren

Snijd en bak spek en uien. Voeg aardappelen, rapen en bouillon toe. Kook zachtjes tot de groenten zacht zijn. Pas kruiden aan en serveer.

IERSE PUB KRUIDEN

62. Irish Spice Bag

Ingrediënten:

- 1 tl zeezout
- 1 el Chinese vijfkruiden
- ½ tl knoflookpoeder
- ½ tl chilipoeder

Routebeschrijving:

a) Doe alle ingrediënten in een ritssluitingszak en schud.

b) Je kunt deze mix nu toevoegen aan je Dublin Spice-bag, die moet bestaan uit gebakken uien en paprika's en wat stukjes kip of overgebleven popcornkip.

63. Gembermarmelade

Opbrengst: 8 porties

Ingrediënt

2 pond Bittere sinaasappels

2 Citroenen

1 ons wortelgember

140 fluid ounce water

8 ons Geconserveerde gember, gehakt

7 pond kristalsuiker

Laat 1½ tot 2 uur zachtjes sudderen, of tot de schil vrij zacht is. Verwijder de zak met vruchtvlees en voeg de gekonfijte gember toe.

Meet de vloeistof af, voeg suiker toe en roer op laag vuur tot het is opgelost.

Snel koken tot het kookpunt: dan kan zoals gewoonlijk.

64. Spaghettisaus, Ierse stijl

Opbrengst: 8 porties

Ingrediënt

½ kopje ui, gesnipperd

1 teentje knoflook, fijngehakt

3 eetlepels Olijfolie

3 eetlepels Boter

1 pond Ground round (of andere mager)

½ kopje Droge rode wijn (bordeaux?)

1 kopje Tomatenpuree

1 kop Kippenbouillon

¼ theelepel nootmuskaat

Fruit de ui en knoflook in een mengsel van boter en olie. Vlees toevoegen en bruin. (Dit laat ik uitlekken) Voeg wijn toe en laat sudderen tot ½ van de wijn verdampt. Voeg puree, kippenbouillon en nootmuskaat toe, roer, dek af en laat 1 uur sudderen. Als het dunner is dan je wilt, onthul en laat sudderen tot de dikte is zoals je wilt. Serveer over spaghetti of schelpen.

IERSE PUB DESSERTS

65.   Ierse gele man

Ingrediënten:

- 1oz boter
- 8oz bruine suiker
- 1 pond gouden siroop
- 1 dessertlepel water
- 1 theelepel azijn
- 1 theelepel bicarbonaat soda

Routebeschrijving:

a) Smelt de boter in een pan en voeg de suiker, golden syrup, water en azijn toe.

b) Roer tot alle ingrediënten zijn gesmolten.

c) Roer de natriumbicarbonaat erdoor, als het mengsel schuimt, giet je het op een ingevette, hittebestendige schaal en draai je de randen naar binnen met een paletmes.

d) Als het koel genoeg is om te hanteren, trek dan met beboterde handen tot het bleek van kleur is.

e) Als het helemaal uitgehard is, breek je het in grove stukken en nu is je Yellow Man klaar om te eten.

66. Chocolade Fudge Pudding met Geroosterde Hazelnoten en Frangelico Cream

Serveert 6 - 8

- 150 g (5oz/1 1/4 sticks) ongezouten boter, plus extra om in te vetten

- 150 g (5oz) chocolade van goede kwaliteit (ik gebruik 52% cacaobestanddelen)

- 1 theelepel vanille-extract

- 150 ml (5fl oz / royale 1/2 kop) warm water

- 100 g basterdsuiker (3 1/2 oz/scant 1/2 kop)

- 4 biologische scharreleieren

- 25 g (1 oz/1/5 kop) zelfrijzend bakmeel

- poedersuiker, tot stof

- 225 ml (8fl oz/1 kop) zacht geklopte room of crème fraichche gemengd met 1 eetlepel (1 Amerikaanse eetlepel + 1 theelepel) Frangelico-hazelnootlikeur

- een paar geroosterde hazelnoten, grof gehakt

a) Verwarm de oven voor op 200°C/400°F/gasstand 6 en vet een taartvorm van 1,2 liter (2 pint) in met een beetje boter.

b) Hak de chocolade in kleine stukjes en smelt met de boter in een Pyrex-kom die boven een pan heet, maar niet sudderend water staat. Zodra de chocolade gesmolten is, haal je de kom van het vuur en voeg je het vanille-extract toe. Roer het warme water en de suiker erdoor en mix tot een gladde massa.

c) Splits de eieren en klop de dooiers door het chocolademengsel. Spatel vervolgens de gezeefde bloem erdoor en zorg ervoor dat er geen klontjes zijn.

d) Klop in een aparte kom de eiwitten tot stijve pieken en spatel ze voorzichtig door het chocolademengsel. Giet het chocolademengsel in de beboterde schaal.

e) Zet de schaal au bain-marie en giet er genoeg kokend water bij tot halverwege de zijkanten van de schaal. Bak gedurende 10 minuten. Verlaag vervolgens de temperatuur tot 160°C\325°F\Gas Mark 3 gedurende nog eens 15-20 minuten of tot de pudding stevig is aan de bovenkant, maar nog steeds zacht en fudgy aan de onderkant en sappig aan de basis.

f) Zet opzij om iets af te koelen alvorens te bestrooien met poedersuiker. Serveer warm of koud, bestrooid met geroosterde hazelnoten met Frangelico-room of crème fraîche ernaast.

67. Geroosterde Rabarber

Serveert 6

- 1 kg (2 1/4 lb) rode rabarber
- 200-250 g (7-9 oz) kristalsuiker
- 2-3 theelepels vers gehakte kruiden
- roomijs, labneh of dikke Jerseyroom, om te serveren

a) Snijd indien nodig de rabarberstelen bij. Snijd de rabarber in stukken van 2,5 cm (1 inch) en schik ze in een enkele laag in een niet-reactieve ovenvaste schaal van 45 x 30 cm (18 x 12 inch). Strooi de suiker over de rabarber en laat 1 uur of langer macereren tot de sappen beginnen te lopen.

b) Verwarm de oven voor op 200°C/gasstand 6.

c) Bedek de rabarber met een vel bakpapier en rooster 10-20 minuten in de oven, afhankelijk van de dikte van de stelen, tot de rabarber net zacht is. Houd de rabarber goed in de gaten, want deze kan heel snel uiteenvallen

d) Serveer warm of koud met ijs, labneh of dikke Jerseyroom.

68. Carrageen mospudding

Serveert 8

Ingrediënten

- 3 eetlepels verse carrageen
- 4 kopjes melk
- 2 eidooiers
- 2 eetlepels honing, plus extra om te serveren
- bijenpollen, om te serveren (optioneel)

Routebeschrijving

1. Was de carrageen bij vers gebruik of rehydrateer bij gebruik gedroogd, volgens de aanwijzingen op de verpakking. Verwarm de melk met de carrageen in een middelgrote pan op middelhoog vuur.

2. Klop de eidooiers en honing samen in een kleine kom, giet het eiermengsel bij de melk en roer ongeveer 10 minuten totdat het dikker wordt.

3. Giet in vormen of kommen en zet een paar uur in de koelkast tot het is uitgehard.

4.Besprenkel voor het serveren met een beetje extra honing en strooi er eventueel wat bijenpollen over.

69. Brood en boter pudding

Serveert 6

Ingrediënten

- 1 ¾ eetlepel melk
- 250 ml/8 fl oz (1 kop) dubbele (zware) room
- 1 theelepel gemalen kaneel
- vers geraspte nootmuskaat, naar smaak
- 3 eieren
- 75 gram/2. oz (./. kopje) basterdsuiker (superfijne) suiker
- 50 g (4 eetlepels) boter, plus extra om in te vetten
- 10 sneetjes zacht wit brood
- 75 gram/2. oz (. kopje) sultanarozijnen (gouden rozijnen)
- poedersuiker (banketbakkers), om te bestuiven

Routebeschrijving

a) Vet een ovenvaste schaal in.

b) Doe de melk en room in een kleine pan op middelhoog vuur en voeg de kaneel en nootmuskaat toe. Breng aan de kook, haal dan van het vuur.

c) Klop de eieren met de suiker in een mengkom los en giet het mengsel over de room. Roer om te combineren.

d) Beboter het brood aan beide kanten en leg de sneetjes in de voorbereide schaal, in lagen met de sultanarozijnen (gouden rozijnen). Giet de custard over het brood en laat 30 minuten staan.

e) Verwarm de oven voor op 180C/350F/gasstand 4.

f) Bak de pudding in de voorverwarmde oven gedurende 25 minuten, tot ze goudbruin zijn en de custard is gestold. Bestrooi voor het serveren met een beetje poedersuiker (banketbakker).

70. Verbrande sinaasappels

Opbrengst: 4 porties

Ingrediënt

4 grote sinaasappels

150 milliliter Zoete witte wijn

1 eetlepel Boter

8 eetlepels Suiker

300 milliliter Vers geperst sinaasappelsap

2 eetlepels Whisky (verwarmd)

Schil de sinaasappels voorzichtig dun. Verwijder vervolgens met een scherp mes zoveel mogelijk van het merg en de witte schil, waarbij de sinaasappels intact blijven. Snijd de dunne schil in fijne reepjes en bedek ze met de wijn.

Doe de sinaasappels in een ovenvaste schaal. Leg op elk een beetje boter, druk het voorzichtig aan en bestrooi elk met een theelepel suiker. Zet in een oven van 400F gedurende 10 minuten of tot de suiker karamelliseert.

Meng ondertussen het sinaasappelsap met de suiker in een steelpannetje en breng aan de kook. Zet het vuur laag en laat het zonder roeren stroperig worden. Voeg het sinaasappelschilen wijnmengsel toe en breng opnieuw aan de kook, kook dan snel om te verminderen en iets in te dikken.

Haal de sinaasappels uit de oven en als ze niet helemaal bruin zijn, zet ze een paar minuten onder een matige grill. Giet de verwarmde whisky erover en steek het aan, op het vuur. Als de vlammen doven, voeg je de sinaasappelsiroop toe en laat je het ongeveer 2 minuten sudderen. Serveer meteen; of het kan koud worden geserveerd.

71. Ierse slagroomtaart

Opbrengst: 8 porties

Ingrediënt

1 gele cakemix

4 eieren

½ kopje koud water

½ kopje Irish Cream Likeur

1 pakje Instant Vanille Pudding Mix

½ kopje olie

1 kop gehakte geroosterde pecannoten

Glazuur

2 ons Boter

½ kopje suiker

⅛ kopje water

¼ kopje Bailey's Irish Cream

Combineer alle ingrediënten, behalve noten, klop tot alles goed gemengd is, roer de noten erdoor. Giet in ingevette en met bloem bestoven 12-kops bundt-pan en bak gedurende 1 uur op

325F of totdat het getest is. Bak de cake 15 minuten en stort hem op het rooster. Verwarm de glazuur Ingrediënten tot ze gesmolten zijn. Prik met een vleesvork gaatjes in de cake en bestrijk de warme cake met ½ glazuurmengsel. Als de cake gaar is, bestrijk je hem met het resterende glazuurmengsel.

Serveerideeën: Dessert Recept van: Nancy Kuhl (Nssh88A)
Van:**Nesb2< Nesb2@... >**

72. Baileys Irish cream truffels

Opbrengst: 16 porties

Ingrediënt

- ¼ kopje Baileys Irish Cream
- 12 ons Halfzoete choc stukjes
- ¼ kopje zware room
- 1 eetlepel Zoete Boter
- 2 eierdooiers

Smelt chocolade, Baileys en slagroom samen op zeer laag vuur. Klop de dooiers er een voor een door, het mengsel wordt dikker. Klop de boter erdoor.

Zet een nacht in de koelkast, of tot het stevig is. Maak met een lepel kleine balletjes.

Rol in poedersuiker, cacao, gehakte noten, hagelslag, enz.

73. Kip en prei taart

Opbrengst: 4 porties

Ingrediënt

6 ons kruimeldeeg

1 Kip, ongeveer 4 lb

4 Plakken hamsteak

4 Grote preien, schoongemaakt/gesnipperd

1 ui

Zout en peper

1 snufje gemalen foelie of nootmuskaat

300 milliliter Kippenbouillon

125 milliliter Dubbele room

Maak het deeg en laat het op een koude plaats rusten.

Leg in een diepe schaal van 1 - 1½ liter lagen van de kip, de ham, prei en ui of sjalot, voeg de foelie, nootmuskaat en kruiden toe en herhaal de lagen tot de schaal vol is. Voeg de bouillon toe, bevochtig de randen van de schaal en rol het deeg uit tot de gewenste grootte.

Leg het deeg over de taart en druk de randen goed aan. Druk ze aan met een vork. Maak een klein gaatje in het midden. Rol de restjes bladerdeeg uit en vorm een blad of rozet voor de bovenkant. Plaats deze heel licht over het kleine gaatje. Bestrijk het deeg met melk en bak op matig vuur, 350F, gedurende 25-30 minuten. Bedek het deeg met vochtig vetvrij papier als het gedeeltelijk gaar is als de bovenkant te bruin lijkt te worden. Verwarm de room zachtjes. Als de taart gaar is, haal je hem uit de oven. Til de rozet voorzichtig op en giet de room door het gaatje. Zet de rozet terug en serveer. (Deze taart vormt een heerlijke zachte gelei als hij koud is.)

74. Kabeljauw schoenmaker

Opbrengst: 6 porties

Ingrediënt

1½ pond Kabeljauwfilet zonder vel

2 ons Boter

2 ons meel

½ liter melk

3½ ons geraspte kaas

2 ons geraspte kaas (voor scones)

2 ons boter (voor scones)

1 theelepel bakpoeder (voor scones)

1 snufje zout (voor scones)

1 ei (voor scones)

Routebeschrijving: Leg de kabeljauwfilets op de bodem van een ronde ovenschaal. Maak een kaassaus met elk 2 oz boter en bloem, ½ l melk en 3½ oz geraspte kaas: over de vis gieten. Maak dan sconedeeg en wrijf 2 oz boter in 8 bloem met 1 theelepel bakpoeder en een snufje zout.

Voeg 2 oz geraspte kaas toe, bij voorkeur gerijpte Cheddar of een mengsel daarvan en Parmezaanse kaas. Laat 1 eidooier in het mengsel vallen en voeg genoeg melk toe om een werkbaar deeg te maken. Rol uit tot een dikte van inch en snij in kleine rondjes met een scone uitsteker. Leg deze rondjes op de saus, zodat ze het oppervlak bijna bedekken; glazuur ze met een beetje melk, strooi er nog wat geraspte kaas over en bak ze 25-30 minuten in een hete oven (450 F) tot de scones goudbruin zijn.

75. Geglazuurde Ierse theecake

Opbrengst: 10 porties

Ingrediënt

¾ kopje ongezouten boter op kamertemperatuur

1 kopje suiker

2 theelepels vanille

2 eieren

3 ons Roomkaas

½ kopje banketbakkerssuiker, gezeefde kamertemperatuur

1¾ kopje cakemeel

1¼ theelepel bakpoeder

¼ theelepel Zout

1 kopje gedroogde krenten

⅔ kopje Karnemelk

2 theelepels vers citroensap

TAART

GLAZUUR

VERWAR DE OVEN VOOR TOT 325F, met rek in het midden van de oven. Vet een 9-inch (7-kops capaciteit) broodvorm royaal in. Bestuif met bloem; tik de pan over de gootsteen om overtollig meel weg te gooien. Knip een stuk perkamentpapier of vetvrij papier om op de bodem van de pan te passen. Opzij zetten. VOOR CAKE: gebruik de mixer om boter, suiker en vanille luchtig te maken. Voeg eieren toe, 1 per keer, en klop ze elk tot ze luchtig zijn. Voeg roomkaas toe. Mix tot goed gecombineerd. Bloem, bakpoeder en zout samen zeven. Doe de krenten in een kleine kom. Voeg $\frac{1}{4}$ kopje bloemmengsel toe aan krenten. Roer de krenten tot ze goed bedekt zijn.

Voeg de resterende bloem toe aan het beslag, afgewisseld met karnemelk. Mix tot een gladde massa. Gebruik een houten lepel om de krenten en alle bloem erdoor te roeren.

Roer tot goed gecombineerd. Breng het beslag over in de voorbereide pan. Glad oppervlak met spatel. Bak tot het goed bruin is en een tandenstoker die in het midden is gestoken er schoon uitkomt, ongeveer 1 uur en 25 minuten. De cake zal er bovenop barsten. Laat de cake 10 minuten rusten in de vorm.

Gebruik een flexibele metalen spatel om de cake van de zijkanten van de pan te scheiden. Haal de cake voorzichtig van de bakvorm naar het koelrek. Smeer het glazuur op de warme cake. Laat de taart helemaal afkoelen. Taart is 3 dagen houdbaar bij kamertemperatuur in folie.

Cake kan ook tot 3 maanden worden ingevroren, luchtdicht verpakt.

VOOR GLAZUUR: combineer suiker en citroensap in een kleine kom. Roer tot een gladde massa.

76. Groene Ierse whisky zure gelei

Opbrengst: 1 porties

Ingrediënt

2 kleine Doosjes Citroen-Limoen Smaak Gelatine

2 kopjes kokend water

1½ kopje koud water

½ kopje Ierse whisky

Combineer alles.

77. Ierse chocoladetaart

Opbrengst: 1 porties

Ingrediënt

- 1 ei
- ½ kopje Cacao
- 1 kopje suiker
- ½ kopje olie
- 1½ kopje meel
- 1 theelepel Frisdrank
- ½ kopje melk
- ½ kopje Heet water
- 1 theelepel vanille
- ¼ theelepel Zout
- 1 Stok boter
- 3 eetlepels Cacao
- ⅓ kopje Coca-cola
- 1 pond banketbakkerssuiker

- 1 kop gehakte noten

Combineer suiker en cacao, voeg olie en ei toe, roer goed. Combineer zout en bloem, voeg afwisselend toe met vloeibare mengsels, goed mengen. Voeg vanille toe. Bak in laagpannen of bladcakepan op 350 gedurende 30-40 minuten.

ICING: Combineer boter, cola en cacao in een pan. Verhit tot het kookpunt, neem van de brander, voeg suiker en noten toe en klop goed. Smeer op taart.

78. Irish coffee torte

Opbrengst: 10 porties

Ingrediënt

2 kopjes ongezouten boter

1 kopje suiker

¾ kopje Sterke hete koffie

¼ kopje Ierse roomlikeur

16 ons Halfzoete donkere chocolade

6 eieren; Kamer temperatuur

6 eidooiers; Kamer temperatuur

1. Plaats het rek in het midden van de oven en verwarm voor op 325F. Beboter royaal een 8 "springvorm en bekleed de bodem met perkament of vetvrij papier. Beboter en bebloem het papier.

2. Smelt boter met suiker, koffie en sterke drank in een zware steelpan van 3 liter op middelhoog vuur, roer tot de suiker is opgelost. Voeg chocolade toe en roer tot een gladde massa. Haal van het vuur.

3. Klop met een elektrische mixer de eieren en dooiers in een grote kom tot het driedubbele volume en vorm linten wanneer ze worden opgetild. Roer door het chocolademengsel. Giet het beslag in de voorbereide pan. Plaats de pan op een zware bakplaat. Bak tot de randen iets opzwellen en barsten, maar het midden is nog niet helemaal uitgehard (ongeveer 1 uur). Niet te lang bakken (de cake zal hard worden als hij afkoelt). Breng over naar een rek en laat afkoelen. Dek af en zet een nacht in de koelkast.

4. Laat een klein scherp mes rond de zijkanten van de cakevorm lopen om los te maken. Maak de zijkanten voorzichtig los. Leg op een bord en serveer in kleine porties.

79. Ierse room bevroren yoghurt

Opbrengst: 6 porties

Ingrediënt

- 2 eetlepels Water
- 1 theelepel Niet-gearomatiseerde gelatine
- 3 ons Halfzoete chocolade, grof gehakt
- $\frac{3}{4}$ kopje magere melk
- $\frac{1}{4}$ kopje lichte glucosestroop
- $\frac{1}{4}$ kopje suiker
- 3 eetlepels Bailey's Irish Cream Likeur
- 1 kopje gewone magere yoghurt geroerd
- 1 Eiwit
- $\frac{1}{3}$ kopje water
- $\frac{1}{3}$ kopje magere droge melk

Meng in een kleine steelpan 2 el water en gelatine: laat 1 minuut staan. Roer op laag vuur tot gelatine oplost; opzij zetten. In med pan, combineer chocolade, melk, glucosestroop en suiker. Kook en klop op laag vuur tot het mengsel glad is. Roer het opgeloste gelatinemengsel erdoor; koel. Voeg Irish Cream en yoghurt toe. Klop het eiwit, ⅓kopje water en magere droge melk stijf maar niet droog. Spatel door het yoghurtmengsel. Vries in de ijsmachine in volgens de aanwijzingen van de fabrikant; of volg koelkast-diepvriezer Routebeschrijving eerder gepost.

Een vleugje Irish Cream wordt gecombineerd met chocolade voor een verrukkelijke verandering van tempo.

80. Ierse crème pompoentaart

Opbrengst: 1 porties

Ingrediënt

1 9-inch diepe schotel taartbodem (je eigen of bevroren)

1 ei, licht geklopt

1 kop Pompoen

⅔ kopje suiker

1 theelepel gemalen kaneel

1 theelepel vanille

¾ kopje verdampte melk

8 ons Roomkaas op kamertemperatuur

¼ kopje suiker

1 ei

1 theelepel vanille

1 eetlepel Baileys Irish Creme

POMPOEN VULLEN

IERSE CREME VULLING

Verwarm de oven voor op 400D.

Voor Pompoenvulling, combineer alle ingrediënten tot ze goed gemengd en glad zijn.

Opzij zetten. Klop voor de crèmevulling de kaas en de suiker tot een gladde massa.

Voeg het ei toe en klop tot alles goed is opgenomen. Voeg vanille en Ierse crème toe, mix tot een gladde massa.

Om te monteren: Giet de helft van het pompoenmengsel in de taartvorm. Schep de helft van het crèmemengsel op de pompoen. Herhaal met de resterende vulling. Draai er voorzichtig een mes doorheen om een marmereffect te creëren. Bak op 400 gedurende 30 minuten. Verlaag de temperatuur tot 350D en bedek de randen van de korst als ze te snel bruin worden. Bak nog 30 minuten. De taart moet in het midden gezwollen zijn en er kunnen een of twee barsten bovenop zitten. Haal uit de oven en laat volledig afkoelen. Het kan worden gekoeld en de slagroom erover wordt gladgestreken.

81. Iers mals dessert

Opbrengst: 6 porties

Ingrediënt

2 eetlepels Whisky

2 eetlepels Suiker

1 theelepel banketbakkerssuiker

2 kopjes zware slagroom

½ theelepel vanille-extract

1 kopje Kokosmakronen

Recept van: Jo Anne Merrill Bereidingstijd: 0:20 Verkruimel de bitterkoekjes en zet apart. Zorg ervoor dat de slagroom goed gekoeld is, evenals de kom en klopperhulpstukken.

Meng alle ingrediënten behalve de bitterkoekjes. Klop tot zich stijve pieken vormen. Vouw ¾ kopje gemalen bitterkoekjes in. Schep in 6-8 dessertglazen.

Bestrooi met extra bitterkoekjes. Serveer onmiddellijk.

82.   Ierse kantkoekjes

Opbrengst: 1 porties

Ingrediënt

1 Stok ongezouten boter; verzacht (1/2 kop)

¾ kopje Stevig verpakte lichtbruine suiker

2 eetlepels All-purpose bloem

2 eetlepels Melk

1 theelepel vanille

1¼ kopje ouderwetse havermout

Klop in een kom de boter met de bruine suiker tot het mengsel licht en luchtig is en klop de bloem, de melk en de vanille erdoor. Roer de haver erdoor, laat ronde theelepels van het deeg ongeveer 3 inch uit elkaar vallen op niet-ingevette bakplaten en bak de koekjes in porties in het midden van een voorverwarmde 350F. oven gedurende 10 tot 12 minuten, of tot ze goudbruin zijn. Laat de koekjes 1 minuut op de vellen staan, of totdat ze net stevig genoeg zijn om met een metalen spatel te verplaatsen. (Draai de koekjes desgewenst ondersteboven op de vellen en rol ze snel in cilinders op de vellen. Als de koekjes te hard worden om te rollen, plaats ze dan een paar seconden terug in de oven en laat ze zacht worden.) de koekjes op een rooster en laat ze volledig afkoelen.

IERSE PUB DRANKEN

83. Packy's Irish Coffee

Ingrediënten

- 1½ oz. Bushmills originele Ierse whisky
- 4 Oz. hete koffie
- 1 bar lepel bruine suiker
- 1 ons. slagroom
- GLAS: Ierse koffiemok

Routebeschrijving

a) Schep bruine suiker in Irish coffee mok. Giet er hete koffie over. Roeren. Giet Bushmills Original Irish Whiskey in de mok.

b) Drijf de room erop door over de achterkant van een lepel te gieten.

84.   Ierse koffie

Ingrediënten

- 1½ oz. Bushmills Black Bush Irish Whiskey
- oz. simpele siroop
- 2 scheutjes sinaasappelbittertjes
- GARNERING: sinaasappel twist

Routebeschrijving

a) Roeren.

b) Zeef in rotsen glas over vers ijs. Garneer met sinaasappeltwist.

85. Clondalkin Snug

Ingrediënten

- 3 oz. Guinness
- 3 oz. mousserende wijn

Routebeschrijving

a) Giet Guinness in fluit.

b) Top met mousserende wijn over bar lepel.

86.   De Half Penny Bridge

Ingrediënten

- 1 ons. Smirnoff
- oz. meloen likeur
- 2 oz. ananas SAP
- 2 oz. sinaasappelsap
- GARNERING: oranje kwartmaan

Routebeschrijving

a) Combineer alle ingrediënten in een mengglas.

b) Schud en zeef over vers ijs in een hoog Collins-glas. Garneer met sinaasappel.

87. Campbell's Ginger

- 1½ oz. Bushmills Black Bush Irish Whiskey
- 4 Oz. gemberbier
- GARNERING: partje limoen

Routebeschrijving

a) Voeg Bushmills Black Bush Irish Whiskey toe aan een met ijs gevuld Collins-glas.

b) Top met gemberbier. Garneer met limoenpartje.

88. Klassieke Ierse koffie

Opbrengst: 2 porties

Ingrediënt

¼ kopje gekoelde slagroom

3 theelepels suiker

1⅓ kopje hete sterke koffie

6 eetlepels (3 oz.) Ierse whisky

Doe de slagroom en 2 theelepels suiker in een middelgrote kom. Klop tot de room stevige pieken vasthoudt. Koel de room tot 30 minuten.

Verwarm 2 Irish coffee-glazen (kleine glazen mokken met handvat) of hittebestendige glazen met een steel door er heel heet water in te laten lopen. Droog snel.

Doe ½ theelepel suiker in elk warm glas. Giet hete koffie erbij en roer om de suiker op te lossen. Voeg aan elk 3 eetlepels Ierse whisky toe. Lepel gekoelde room over de koffie in elk glas en serveer.

89.   Irish coffee-eierpunch

Opbrengst: 3 liter

Ingrediënt

2 liter gekoelde advocaat

⅓ kopje bruine suiker; stevig verpakt

3 eetlepels Oploskoffie korrels

½ theelepel kaneel

½ theelepel nootmuskaat

1 kopje Ierse whisky

1 liter koffie-ijs

Gezoete slagroom

Vers geraspte nootmuskaat

Combineer eierpunch, bruine suiker, oploskoffie en kruiden in een grote mengkom; klop op lage snelheid met een elektrische mixer tot de suiker is opgelost. Koel 15 minuten; roer tot de koffiekorrels oplossen en roer de whisky erdoor. Dek af en laat minimaal 1 uur afkoelen. Giet in punch bowl of individuele kopjes, laat genoeg ruimte over voor ijs. Lepel in ijs. Garneer elke portie naar wens met slagroom en nootmuskaat.

90. Ierse smoothie

Opbrengst: 1 porties

Ingrediënt

½ kopje brandewijn

¾ kopje Ierse whisky

1 kopje gezoete gecondenseerde melk

2 kopjes zware room

2 eetlepels Chocoladesiroop

1 eetlepel Oploskoffie

1 theelepel vanille

1 theelepel Amandelextract

Combineer alle ingrediënten in de blender; goed mengen. Vul fles in; pet. Bewaren in de koelkast.

91. Kahlua Irish Coffee

Ingrediënten:
- 2 oz. Kahlua of koffielikeur
- 2 oz. Ierse Whisky
- 4 kopjes warme koffie
- 1/4 kop slagroom, slagroom

Routebeschrijving
a) Giet een halve ons koffielikeur in elk kopje. Voeg aan elk een halve ounce Irish Whiskey toe
b) beker. Giet dampende vers gezette hete koffie in, roer. Lepel twee hoopjes
c) eetlepel slagroom op elk. Serveer warm, maar niet zo heet dat je lippen schroeien.

92. Bailey's Irish Cappuccino

Ingrediënten:
- 3 oz. Bailey's Irish Cream
- 5 oz. Hete koffie -
- Dessert topping in blik
- 1 scheutje Nootmuskaat

Routebeschrijving
a) Giet Bailey's Irish Cream in een koffiemok.
b) Vul met hete zwarte koffie. Top met een enkele spray van dessert topping.
c) Bestrooi desserttopping met een vleugje nootmuskaat

93. Good Old Irish

Ingrediënten:
- 1,5 ons Irish Cream Likeur
- 1,5 ons Ierse Whiskey
- 1 kop hete gezette koffie
- 1 Eetlepels slagroom
- 1 scheutje nootmuskaat

Routebeschrijving
a) Combineer Irish Cream en The Irish Whiskey in een koffiemok.
b) Vul de mok met koffie. Top af met een toef slagroom.
c) Garneer met een snufje nootmuskaat.

94. Bushmills Irish Coffee

Ingrediënten:
- 1 1/2 ons Bushmills Ierse whisky
- 1 theelepels bruine suiker (optioneel)
- 1 scheutje Crème de menthe, groen
- Extra sterke verse koffie
- Slagroom

Routebeschrijving

a) Giet whisky in Irish coffee cup en vul tot 1/2 inch van boven met koffie. Voeg suiker naar smaak toe en meng. Werk af met slagroom en besprenkel met crème de menthe.

b) Doop de rand van het kopje in suiker om de rand te bedekken.

95. Zwarte Ierse koffie

Ingrediënten:
- 1 kopjes sterke koffie
- 1 1/2 oz. Ierse whisky
- 1 theelepel suiker
- 1 Eetlepels Slagroom

Routebeschrijving
a) Meng koffie, suiker en whisky in een grote magnetronbestendige mok.
b) Magnetron op hoog 1 tot 2 minuten. Top met slagroom
c) Voorzichtig bij het drinken, kan even nodig hebben om af te koelen.

96. Romige Ierse koffie

Ingrediënten:
- 1/3 kopje Irish Cream Likeur
- 1 1/2 kopjes vers gezette koffie
- 1/4 kop Heavy Cream, licht gezoet en opgeklopt

Routebeschrijving
a) Verdeel de likeur en koffie over 2 mokken.
b) Top af met slagroom.
c) Dienen.

97. Ouderwetse Ierse koffie

Ingrediënten:
- 3/4 kop warm water
- 2 Eetlepels Ierse Whisky
- Desserttopping
- 1 1/2 lepels oploskoffiekristallen
- Bruine suiker naar smaak

Routebeschrijving
a) Combineer water en oploskoffiekristallen. Magnetron, onbedekt, aan
b) 100% vermogen ongeveer 1 1/2 minuut of gewoon tot stomend heet. Roer de Ierse whisky en bruine suiker erdoor.

98. Rum koffie

Ingrediënten:
- 12 oz. Versgemalen koffie, bij voorkeur chocolademunt of Zwitserse chocolade
- 2 oz. Of meer 151 Rum
- 1 grote schep slagroom
- 1 ons. Baileys Irish Cream
- 2 Eetlepels Chocoladesiroop

Routebeschrijving
a) Maal de koffie vers.
b) Brouwen.
c) Doe de 2+ oz. in een grote mok. van 151 rum in de bodem.
d) Giet de hete koffie 3/4 van de bovenkant in de mok.
e) Voeg de Bailey's Irish Cream toe.
f) Roeren.
g) Werk af met de verse slagroom en besprenkel met de chocoladesiroop.

99. Dublin droom

Ingrediënten:

- 1 EetlepelsOploskoffie
- 1 1/2 Eetlepels Instant warme chocolademelk
- 1/2 oz. Ierse roomlikeur
- 3/4 kop kokend water
- 1/4 kop slagroom

Routebeschrijving

a) Doe alle ingrediënten in een Irish coffee glas behalve de slagroom.
b) Roer tot alles goed gemengd is en garneer met slagroom.

100. Whisky Schutter

Ingrediënten:
- 1/2 kopjes magere melk
- 1/2 kopjes gewone magere yoghurt
- 2 theelepels suiker
- 1 theelepels Oploskoffiepoeder
- 1 theelepel Ierse whisky

Routebeschrijving
a) Doe alle ingrediënten in een blender op lage snelheid.
b) Mix totdat je kunt zien dat je ingrediënten in elkaar zijn verwerkt.
c) Gebruik een hoog shakeglas voor de presentatie.

CONCLUSIE

Als je trek hebt in eten van het Emerald Isle, of als St. Patrick's Day in de buurt is, dan zijn deze onweerstaanbaar smakelijke Irish Pub-recepten iets voor jou! Van stevige stoofschotels en Ierse stoofschotels tot klassieke Irish Pub-recepten, zoals de Dublin Coddle, dit zijn heerlijke recepten waar we allemaal dol op zijn.

www.ingramcontent.com/pod-product-compliance
Lightning Source LLC
Chambersburg PA
CBHW070643120526
44590CB00013BA/833